하루 10분 손으로 쓰면서 배우는

중학생을 위한 교육용 기초 한자

교육부 선정

900字

따라쓰기

시사정보연구원 지음

KB082828

시사패스
SISAPASS.COM

*머리말

교육부 선정 900한자를 어휘력을 높이면서 학습할 수 있도록 구성된 한자책

  중학생을 위한 기초 한자 900자는 한자 문화권에서 널리 쓰이는 한자와 고전에 많이 나오는 한자, 국어책과 일상생활에 자주 쓰이는 한자를 가려 뽑았기 때문에 중학생이라면 반드시 학습하고 다음 단계로 넘어가는 것이 좋습니다. 〈중학생을 위한 기초 한자 900자 따라쓰기〉는 교육부에서 선정한 중학교 교육용 기초 한자 900자를 담았습니다.

  우리말의 70퍼센트 이상이 한자로 구성되어 있기 때문에 단어를 많이 알면 알수록 어휘력이 높아질 수밖에 없습니다. 국어, 수학, 과학, 사회 등의 교과서를 이해하려면 개념정리가 필수라 할 수 있는데 그 개념들이 대부분 한자어로 구성되어 있습니다. 이 책에는 각 한자별로 교과서에 나오는 단어들을 정리했기 때문에 어휘력도 높이면서 개념도 정리되는 놀라운 학습효과를 경험할 수 있습니다.

  조선시대 최고의 독서왕인 이덕무는 "책은 눈으로 보고 입으로 읽는 것이 손으로 써 보는 것만 못하다. 손이 움직이면 마음이 반드시 따라가기 마련이다. 스무 번을 보고 외운다 해도 한 차례 베껴 써 보는 효과만 같지 못하다."라고 말했습니다. 따라쓰기의 중요성을 잘 표현하고 있는 말입니다. 손으로 쓰면서 한자를 익히면 뇌 발달과 기억력이 현저히 높아진다는 연구결과가 말해 주듯이 이 책은 가장 쉽고 빠르게 한자를 쓰면서 익힐 수 있도록 구성되어 있습니다.

  글을 쓰는 데도 방법이 있습니다. 바로 필순에 맞춰서 한자를 쓰는 것입니다. 한

자의 필순에 따라 또박또박 쓰다보면 예쁜 글씨체와 함께 한자도 외울 수 있고, 또 오래도록 기억하는 일거다득의 기쁨을 누릴 수 있습니다.

이 책은 교육부 선정 기초 900한자를 가나다순으로 배열하였기 때문에 사전을 찾 듯 쉽게 접근할 수 있습니다. 각 한자들은 기본 뜻과 음을 병기하여 한눈에 바로 익 힐 수 있도록 배려하였을 뿐만 아니라 부수와 그 부수를 제외한 획수를 표기하여 어원으로도 학습할 수 있습니다. 또한 한자와 관련된 단어들을 정리하여 뜻과 함께 수록했기 때문에 어휘력과 성적 향상에도 많은 도움이 됩니다.

중학생을 위한 900한자는 부모님과 같이 학습할 수 있도록 구성하였기 때문에 자 녀와 함께 한자를 공부함으로써 공감대를 형성하고, 예전에 배웠던 것들을 확실히 기억하고 다지는 계기를 마련하셔도 좋을 것입니다. 각 페이지 하단에는 교과서에 자주 등장하는 사자성어를 실어 학습능률을 한층 더 높일 수 있도록 편집하였습니 다. 또한 900한자는 한자능력검정시험 5급~4급 정도에 해당하기 때문에 한자능력 검정시험도 대비할 수 있습니다. 독자가 이 책의 다양한 구성요소들을 제대로 활용 한다면 자신이 원하는 결과를 반드시 얻을 수 있을 것입니다.

*한자 쓰기의 기본원칙

1. 위에서 아래로 쓴다.
   言(말씀 언)→ ﹂ ﹁ ﹂﹂ ﹁﹂ ﹂﹂ 言言
   雲(구름 운)→ ﹁ ﹁ ﹁ 乭 乭 乭 雭 雲 雲 雲 雲

2. 왼쪽에서 오른쪽으로 쓴다.
   江(강 강)→ ﹅ ﹅ ﹆ 氵 汀 江 江
   例(법식 예)→ ﹨ 亻 亻 佋 佋 佋 例 例

3. 가로획과 세로획이 겹칠 때는 가로획을 먼저 쓴다.
   用(쓸 용)→ ﹚ 冂 冃 月 用
   共(함께 공)→ 一 十 廾 共 共 共

4. 삐침과 파임이 만날 때는 삐침을 먼저 쓴다.
   人(사람 인)→ ﹨ 人
   文(글월 문)→ ﹨ 亠 ナ 文

5. 좌우가 대칭될 때에는 가운데를 먼저 쓴다.
   小(작을 소)→ 亅 小 小
   承(받들 승)→ ﹁ 了 了 手 手 承 承 承

6. 둘러 싼 모양으로 된 자는 바깥쪽을 먼저 쓴다.
   同(같을 동)→ 丨 冂 冃 同 同 同
   病(병날 병)→ ﹅ 亠 广 广 疒 疒 疒 病 病 病

7. 글자를 가로지르는 가로획은 나중에 긋는다.
   女(여자 녀)→ く 女 女
   母(어미 모)→ く 므 므 므 母

8. 글자 전체를 꿰뚫는 세로획은 나중에 쓴다.
   車(수레 거)→ 一 亻 冂 믜 믜 亘 車
   事(일 사)→ 一 亻 冂 므 믜 亨 亨 事

4

9. 책받침(辶, 廴)은 나중에 쓴다.

近(원근 근)→ 丶 丿 斤 斤 沂 近 近

建(세울 건)→ フ ヨ ヨ ヨ ⺕ 聿 律 建 建

■ 한자의 기본 점(點)과 획(劃)

(1) 점

　① 「ノ」: 왼점　　　　　　② 「丶」: 오른점

　③ 「丶」: 오른 치킴　　　　④ 「ノ」: 오른점 삐침

(2) 직선

　⑤ 「一」: 가로긋기　　　　⑥ 「丨」: 내리긋기

　⑦ 「一」: 평갈고리　　　　⑧ 「亅」: 왼 갈고리

　⑨ 「✓」: 오른 갈고리

(3) 곡선

　⑩ 「ノ」: 삐침　　　　　　⑪ 「ノ」: 치킴

　⑫ 「丶」: 파임　　　　　　⑬ 「辶」: 받침

　⑭ 「亅」: 굽은 갈고리　　　⑮ 「乀」: 지게다리

　⑯ 「乀」: 누운 지게다리　　⑰ 「乚」: 새가슴

少 ①②	火 ③④	主 ⑤	伸 ⑥
揮 ⑦⑧	表 ⑨	冷 ⑩⑪⑫	送 ⑬
乎 ⑭	式 ⑮	忠 ⑯	兄 ⑰

可
口 2획

옳을 가

一 丅 币 可 可

可否(가부) 옳고 그름.
可決(가결) 회의에서, 제출된 의안을 합당하다고 결정함.
可能(가능) 할 수 있거나 될 수 있음.

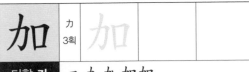

加
力 3획

더할 가

フ 力 加 加 加

加減(가감) 더하거나 빼는 일.
加工(가공) 원자재나 반제품을 인공적으로 처리하여 새로운 제품을 만들거나 제품의 질을 높임.
加害(가해) 다른 사람의 생명이나 신체, 재산, 명예 따위에 해를 끼침.

佳
亻 6획

아름다울 가
좋을 가

亻 亻 什 仕 佳 佳 佳

佳約(가약) 아름다운 약속. 사랑하는 사람과 만날 약속. 부부가 되자는 약속.
佳人(가인) 이성으로서 애정을 느끼게 하는 사람.
佳作(가작) 예술 작품 따위의 대회에서 당선 작품에 버금가는 작품.

家
宀 7획

집 가

丶 宀 宀 宁 穷 家 家

家計(가계) 한 집안 살림의 수입과 지출의 상태.
家禽(가금) 집에서 기르는 날짐승. 주로 알이나 고기를 식용하기 위하여 기르는 닭 · 오리 · 거위 등.
家族(가족) 주로 부부를 중심으로 가정을 이루는 사람들.

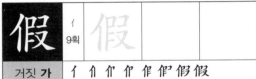

假
亻 9획

거짓 가

亻 亻 亻 亻 作 作 假 假

假像(가상) 실물처럼 보이는 거짓 형상.
假設(가설) 임시로 설치함.
假飾(가식) 말이나 행동 따위를 거짓으로 꾸밈.

街
行 6획

거리 가

丿 彳 彳 彳 往 往 往 街 街

街販(가판) 가두판매(街頭販賣)의 줄임말. 길거리에 벌여 놓고 팔거나 길거리를 돌아다니며 파는 일.
街頭(가두) 도시의 길거리.
街道(가도) 큰 길거리.

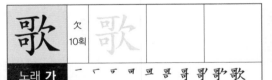

歌
欠 10획

노래 가

一 丅 可 可 哥 哥 哥 哥 歌 歌

歌曲(가곡) 우리나라 전통 성악곡의 하나.
歌手(가수) 노래 부르는 것이 직업인 사람.
歌謠(가요) 민요, 동요, 유행가 따위의 노래를 통틀어 이르는 말. 악가(樂歌)와 속요(俗謠)를 아울러 이르는 말.

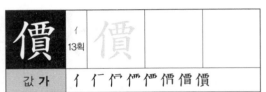

價
亻 13획

값 가

亻 亻 亻 価 価 價 價 價

價格(가격) 물건이 지니고 있는 가치를 돈으로 나타낸 것.
價値(가치) 사물이 지니고 있는 쓸모.
評價(평가) 물건값을 헤아려 매김. 또는 그 값. 사물의 가치나 수준 따위를 평함. 또는 그 가치나 수준.

各
口 3획

각각 각

丿 ク 夂 各 各 各

各各(각각) 사람이나 물건의 하나하나.
各界(각계) 사회의 각 분야.
各國(각국) 각 나라. 또는 여러 나라.

角
角 0획

뿔 각

丿 ク 户 角 角 角 角

角度(각도) 생각의 방향이나 관점. 한 점에서 갈리어 나간 두 직선의 벌어진 정도.
角逐(각축) 서로 이기려고 다투며 덤벼듦.
視角(시각) 사물을 관찰하고 파악하는 기본적인 자세.

街談巷說(가담항설): 길거리에 떠도는 소문.

脚	月 7획				
다리 **각**	月 月 肘 肭 胠 脚 脚 脚				

脚色(각색) 서사시나 소설 따위의 문학 작품을 희곡이나 시나리오로 고쳐 쓰는 일. 흥미나 강한 인상을 주기 위하여 실제로 없었던 것을 보태어 사실인 것처럼 꾸밈.
脚本(각본) 연극이나 영화를 만들기 위하여 쓴 글.
脚光(각광) 사회적 관심이나 흥미.

干	干 0획	干			
방패 **간**	一 二 干				

干求(간구) 바라고 구함.
干滿(간만) 간조(干潮)와 만조(滿潮)를 아울러 이르는 말.
干戈(간과) 방패와 창이라는 뜻으로, 전쟁에 쓰는 병기를 통틀어 이르는 말.

看	目 4획				
볼 **간**	二 チ 手 看 看 看 看				

看板(간판) 기관, 상점, 영업소 따위에서 이름이나 판매 상품, 업종 따위를 써서 사람들의 눈에 잘 뜨이게 걸거나 붙이는 표지(標識).
看過(간과) 큰 관심 없이 대강 보아 넘김.
看做(간주) 상태, 모양, 성질 따위가 그와 같다고 봄.

間	門 4획				
사이 **간**	丨 丨 丬 門 門 門 門 問 間				

間隔(간격) 공간적으로 벌어진 사이. 시간적으로 벌어진 사이.
間接(간접) 중간에 매개(媒介)가 되는 사람이나 사물 따위를 통하여 맺어지는 관계.
間斷(간단) 잠시 그치거나 끊어짐.

渴	氵 9획				
목마를 **갈**	氵 沪 沪 渇 渇 渴 渴				

渴求(갈구) 간절히 바라며 구함.
渴望(갈망) 간절히 바람.
渴急(갈급) 부족하여 몹시 바람.

甘	甘 0획	甘			
달 **감**	一 十 廿 甘 甘				

甘受(감수) 책망이나 괴로움 따위를 달갑게 받아들임.
甘草(감초) 콩과의 여러해살이풀. 붉은 갈색의 뿌리는 단맛이 나며 주로 약으로 사용.
甘露(감로) 천하가 태평할 때에 하늘에서 내린다고 하는 단 이슬.

減	氵 9획				
덜 **감**	氵 氵 氵 泸 沥 減 減 減				

減少(감소) 양이나 수치가 줆. 또는 양이나 수치를 줄임.
減速(감속) 속도를 줄임. 또는 그 속도.
減縮(감축) 덜어서 줄임.

敢	攵 8획				
감히 **감**	一 工 干 于 耳 耳 敢 敢 敢				

敢行(감행) 과감하게 실행함.
敢請(감청) 어려움을 무릅쓰고 감히 청함.
敢戰(감전) 죽음을 각오하고 싸움.

感	心 9획				
느낄 **감**	丿 厂 厂 盯 咸 咸 感 感				

感祝(감축) 경사스러운 일을 함께 감사하고 축하함. 또는 받은 은혜에 대하여 축복하고 싶을 만큼 매우 고맙게 여김.
感謝(감사) 고맙게 여김. 또는 그런 마음.
感激(감격) 마음에 깊이 느끼어 크게 감동함. 또는 그 감동.

甲	田 0획				
첫째 천간 **갑** 갑옷 **갑**	丨 冂 日 日 甲				

甲富(갑부) 첫째가는 큰 부자.
甲冑(갑주) 갑옷과 투구를 아울러 이르는 말.
甲子(갑자) 육십갑자(六十甲子)의 첫째.

• 苛斂誅求(가렴주구): 조세를 가혹하게 과하며, 무리하게 재물을 빼앗음.

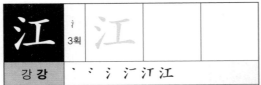

江 氵 3획

강 강 · · 氵 氵 汀 江 江

江南(강남) 강의 남쪽 지역. 한강 이남 지역.
江北(강북) 강의 북쪽 지역. 한강 이북 지역.
江湖(강호) 강과 호수를 아울러 이르는 말. 은자(隱者)나 시인(詩人),
묵객(墨客) 등이 현실을 도피하여 생활하던 시골이나 자연.

降 阝 6획

내릴 강
항복할 항 ' 了 阝 阝 阝 陉 降 降 降

降等(강등) 등급이나 계급 따위가 낮아짐. 또는 등급이나 계급 따위
를 낮춤.
降雨(강우) 비가 내림. 또는 그 비.
降伏(항복) 적이나 상대편의 힘에 눌리어 굴복함.

强 弓 8획

굳셀 강 ' フ 弓 弓 弦 强 强 强

强調(강조) 어떤 부분을 특별히 강하게 주장하거나 두드러지게 함.
强力(강력) 힘이나 영향이 강함.
强硬(강경) 굳세게 버티어 굽히지 않음.

講 言 10획

익힐 강
강론할 강 ㅗ 言 言 計 詳 詳 講 講 講

講演(강연) 일정한 주제에 대하여 청중 앞에서 강의 형식으로 말함.
講義(강의) 학문이나 기술의 일정한 내용을 체계적으로 설명하여
가르침.
講究(강구) 좋은 대책과 방법을 궁리하여 찾아내거나 좋은 대책을 세움.

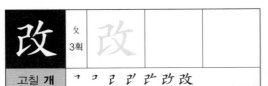

改 攵 3획

고칠 개 フ コ 己 己 改 改 改

改善(개선) 잘못된 것이나 부족한 것, 나쁜 것 따위를 고쳐 더 좋게
만듦.
改編(개편) 책이나 과정 따위를 고쳐 다시 엮음.
改定(개정) 이미 정하였던 것을 고쳐 다시 정함.

皆 白 4획

다 개 - 比 比 比 皆 皆 皆

皆勤(개근) 학교나 직장 따위에 일정한 기간 동안 하루도 빠짐없이
출석하거나 출근함.
皆伐(개벌) 일정한 부분의 산림을 일시에 또는 단기간에 모두 베어 냄.
皆兵(개병) 다 병역의 의무가 있음.

個 亻 8획

낱 개 亻 亻 们 们 侗 個 個 個

個性(개성) 다른 사람이나 개체와 구별되는 고유의 특성.
個體(개체) 전체나 집단에 상대하여 하나하나의 낱개를 이르는 말.
個別(개별) 여럿 중에서 하나씩 따로 나뉘어 있는 상태.

開 門 4획

열 개 l 门 闩 闩 門 門 門 開 開

開幕(개막) 막을 열거나 올린다는 뜻으로, 연극이나 음악회, 행사
따위를 시작함. 어떤 시대나 상황의 시작을 비유적으로 이르는 말.
開放(개방) 문이나 어떠한 공간 따위를 열어 자유롭게 드나들거나 교류하게 함.
開催(개최) 모임이나 회의 따위를 주최하여 엶.

客 宀 6획

손 객
나그네 객 宀 宀 灾 安 客 客 客

客地(객지) 자기 집을 멀리 떠나 임시로 있는 곳.
客席(객석) 극장 따위에서 손님이 앉는 자리.
客體(객체) 객지에 있는 몸. 주로 편지글에서 글 쓰는 이가 안
부를 물을 때 상대편을 높여 이르는 말.

更 日 3획

다시 갱
고칠 경 一 冂 百 更 更

更生(갱생) 거의 죽을 지경에서 다시 살아남. 마음이나 생활 태도를
바로잡아 본디의 옳은 생활로 되돌아가거나 발전된 생활로 나아감.
更新(경신) 이미 있던 것을 고쳐 새롭게 함.
更迭(경질) 어떤 직위에 있는 사람을 다른 사람으로 바꿈.

刻骨難忘(각골난망): 은혜에 대한 고마움이 뼈에 깊이 사무쳐 결코 잊혀지지 아니함. ●

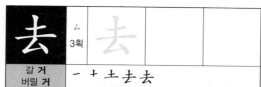

去 ム 3획 去

갈 거
버릴 거

一 十 土 去 去

去來(거래) 주고받음. 또는 사고팖.
去就(거취) 사람이 어디로 가거나 다니거나 하는 움직임. 어떤 사건이나 문제에 대하여 밝히는 태도.
去番(거번) 지난번.

巨 工 2획 巨

클 거

一 丁 厂 巨 巨

巨大(거대) 엄청나게 큼.
巨匠(거장) 예술, 과학 따위의 어느 일정 분야에서 특히 뛰어난 사람.
巨物(거물) 세력이나 학문 따위가 뛰어나 사회적으로 영향력이 큰 인물.

車 車 0획 車

수레 거
수레 차

一 亡 亡 百 百 亘 車

車馬(거마) 수레와 말을 아울러 이르는 말.
兵車(병거) 전쟁할 때에 쓰는 수레.
車庫(차고) 자동차, 기차, 전차 따위의 차량을 넣어 두는 곳.

居 尸 5획 居

있을 거
살 거

フ フ ア 尸 尸 居 居

居住(거주) 일정(一定)한 곳에 자리를 잡고 머물러 삶.
居留(거류) 어떤 곳에 임시로 머물러 삶.
居處(거처) 일정하게 자리를 잡고 사는 일. 또는 그 장소.

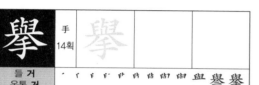

擧 手 14획 擧

들 거
온통 거

′ ′′ ′′′ ′′′′ ′′′′′ ′′′′′′ ′′′′′′′ ′′′′′′′′ 與 擧 擧

擧動(거동) 몸을 움직임. 또는 그런 짓이나 태도.
擧手(거수) 손을 위로 들어 올림. 찬성과 반대, 경례 따위의 의사를 나타내는 경우에 쓰임.
擧名(거명) 어떤 사람의 이름을 입에 올려 말함.

建 廴 6획 建

세울 건

フ ヨ ヨ ⼘ 聿 聿 建

建國(건국) 나라가 세워짐. 또는 나라를 세움.
建設(건설) 건물, 설비, 시설 따위를 새로 만들어 세움. 조직체 따위를 새로 이룩함.
建物(건물) 사람이 들어 살거나, 일을 하거나, 물건을 넣어 두기 위하여 지은 집을 통틀어 이르는 말.

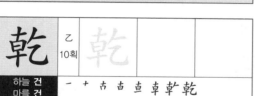

乾 乙 10획 乾

하늘 건
마를 건

一 十 古 古 直 直 卓 乾 乾

乾濕(건습) 마름과 젖음을 아울러 이르는 말.
乾杯(건배) 술좌석에서 서로 잔을 들어 축하하거나 건강 또는 행운을 비는 일.
乾燥(건조) 습기(濕氣)나 물기가 없음. 마름.

犬 犬 0획 犬

개 견

一 ナ 大 犬

犬馬(견마) 개와 말을 아울러 이르는 말. 자신에 관한 것을 낮추어 이르는 말.
犬猿(견원) 개와 원숭이라는 뜻으로, 서로 사이가 나쁜 두 사람을 비유적으로 이르는 말.
愛犬(애견) 개를 귀여워함. 또는 그 개.

見 見 0획 見

볼 견
나타낼 현

l 冂 冂 目 目 貝 見

見聞(견문) 보거나 듣거나 하여 깨달아 얻은 지식.
見積(견적) 어떤 일을 하는 데 필요한 비용 따위를 미리 어림잡아 계산함.
見解(견해) 어떤 사물이나 현상에 대한 자기의 의견이나 생각.

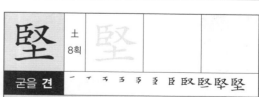

堅 土 8획 堅

굳을 견

一 T 下 圧 臣 臣 臤 臤 堅 堅

堅固(견고) 사상이나 의지 따위가 동요됨이 없이 확고함.
堅忍(견인) 굳게 참고 견딤.
堅持(견지) 어떤 견해나 입장 따위를 굳게 지니거나 지킴.

• 刻舟求劍(각주구검): 판단력이 둔하여 세상일에 어둡고 어리석다는 뜻.

決	氵 4획	決		

터질 결
정할 결

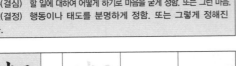
丶 冫 氵 沪 沪 決 決

決斷(결단) 결정적인 판단을 하거나 단정을 내림. 또는 그런 판단이나 단정.
決心(결심) 할 일에 대하여 어떻게 하기로 마음을 굳게 정함. 또는 그런 마음.
決定(결정) 행동이나 태도를 분명하게 정함. 또는 그렇게 정해진 내용.

潔	氵 12획	潔		

깨끗할 결
氵 沪 沣 浰 浰 潔 潔 潔

潔白(결백) 행동이나 마음씨가 깨끗하고 조촐하여 아무런 허물이 없음.
潔癖(결벽) 유난스럽게 깨끗한 것을 좋아하는 성벽(性癖).
高潔(고결) 고상(高尙)하고 깨끗함.

庚	广 5획	庚		

일곱째 천간 경
丶 广 庐 庐 庐 庚 庚

庚伏(경복) '삼복'을 달리 이르는 말.
庚午(경오) 육십갑자(六十甲子)의 일곱째.
庚癸(경계) 군중에서 양식을 빌리는 것을 이르는 말. 경(庚)은 서방으로 곡식을, 계(癸)는 북방으로 물을 주관한다는 데서 생긴 말.

景	日 8획	景		

볕 경
경치 경
口 日 昰 昙 昙 몽 景

景觀(경관) 산이나 들, 강, 바다 따위의 자연이나 지역의 풍경.
景致(경치) 산이나 들, 강, 바다 따위의 자연이나 지역의 모습.
景品(경품) 특정한 기간 동안 많은 상품을 팔고 손님의 호감을 얻기 위해, 일정한 액수 이상의 상품을 사는 손님에게 곁들여 주는 물품.

經	糸 7획	經		

날 경
丿 幺 幺 糸 糸 紅 經 經

經過(경과) 시간이 지나감. 어떤 단계나 시기, 장소를 거침.
經營(경영) 기업이나 사업 따위를 관리하고 운영함.
經驗(경험) 자신이 실제로 해 보거나 겪어 봄. 또는 거기서 얻은 지식이나 기능.

結	糸 6획	結		

맺을 결
엉길 결
丿 幺 幺 糸 糸 紅 紝 結 結

結果(결과) 열매를 맺음. 또는 그 열매. 어떤 원인으로 결말이 생김. 또는 그런 결말의 상태.
結緣(결연) 인연을 맺음. 또는 그런 관계.
結婚(결혼) 남녀가 정식으로 부부 관계를 맺음.

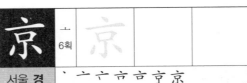

京	亠 6획	京		

서울 경
丶 亠 宀 宀 宀 亨 京

京畿(경기) 서울을 중심으로 한 가까운 주위의 땅. 경기도의 준말.
京城(경성) 도읍(都邑)의 성(城).
京鄕(경향) 서울과 시골을 아울러 이르는 말.

耕	耒 4획	耕		

밭갈 경
三 丰 耒 耒 耒 耕 耕

耕作(경작) 땅을 갈아서 농사를 지음.
耕牧(경목) 경작과 목축을 아울러 이르는 말.
耕地(경지) 경작지.

敬	攵 9획	敬		

공경할 경
一 艹 艹 艿 芍 苟 敬 敬

敬老(경로) 노인을 공경함.
敬愛(경애) 공경하고 사랑함.
敬請(경청) 공경하는 마음으로 들음.

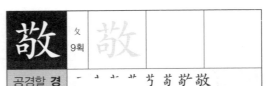

輕	車 7획	輕		

가벼울 경
一 日 日 車 車 軒 輕 輕

輕減(경감) 부담이나 고통 따위를 덜어 가볍게 함.
輕薄(경박) 언행이 신중하지 못하고 가벼움.
輕率(경솔) 말이나 행동이 조심성 없이 가벼움.

渴而穿井(갈이천정): 목이 말라야 우물을 팜.

慶 | 心 11획 | 慶

경사 **경**

`宀 广 广 庐 庐 庐 廖 廖 慶`

慶事(경사) 축하할 만한 기쁜 일.
慶弔(경조) 경사스러움과 불행함. 경축하는 것과 조문(弔問)하는 일.
慶祝(경축) 경사스러운 일을 축하함.

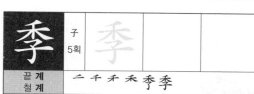

競 | 立 15획 | 競

겨룰 **경**
다툴 **경**

`丶 一 亠 立 咅 竞 竞 竞 競`

競技(경기) 일정한 규칙 아래 기량과 기술을 겨룸.
競買(경매) 같은 종류의 물건을 파는 사람이 여럿일 때 가장 싸게 팔겠다는 사람에게서 물건을 사들이는 일. 반대어 競賣(경매)
競爭(경쟁) 같은 목적에 대하여 이기거나 앞서려고 서로 겨룸.

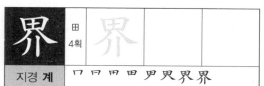

驚 | 馬 13획 | 驚

놀랄 **경**

`一 艹 艿 苟 敬 敬 警 警 驚 驚`

驚愕(경악) 소스라치게 깜짝 놀람.
驚異(경이) 놀랍고 신기하게 여김. 또는 그럴 만한 일.
驚歎(경탄) 몹시 놀라며 감탄함.

季 | 子 5획 | 季

끝 **계**
철 **계**

`二 千 千 禾 季 季`

季刊(계간) 계절에 따라 한 해에 네 번씩 정해 놓고 책 따위를 발행하는 일.
季節(계절) 규칙적으로 되풀이되는 자연 현상에 따라서 일 년을 구분한 것.
四季(사계) 봄·여름·가을·겨울의 총칭.

界 | 田 4획 | 界

지경 **계**

`口 日 田 田 見 界 界 界`

界面(계면) 서로 맞닿아 있는 두 물질의 경계면.
世界(세계) 지구 상의 모든 나라. 또는 인류 사회 전체.
限界(한계) 사물이나 능력, 책임 따위가 실제 작용할 수 있는 범위.
또는 그런 범위를 나타내는 선.

癸 | 癶 4획 | 癸

열째 천간 **계**

`フ フ ㄱ ㄫ ㄳ 癶 癶 癸 癸`

癸未(계미) 육십갑자의 스무째.
癸巳(계사) 육십갑자의 서른째.
癸丑(계축) 육십갑자의 쉰째.

計 | 言 2획 | 計

셀 **계**
꾀할 **계**

`一 亠 言 言 言 計 計`

計略(계략) 어떤 일을 이루기 위한 꾀나 수단.
計算(계산) 수를 헤아림. 어떤 일을 예상하거나 고려함.
計劃(계획) 앞으로 할 일의 절차, 방법, 규모 따위를 미리 헤아려 작정함. 또는 그 내용.

溪 | 氵 10획 | 溪

시내 **계**

`氵 氵 氵 沍 溪 溪 溪`

溪谷(계곡) 물이 흐르는 골짜기.
溪流(계류) 산골짜기에 흐르는 시냇물.
溪友(계우) 속세를 떠나 산속에 숨어 사는 벗.

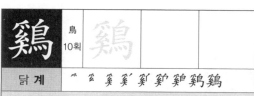

鷄 | 鳥 10획 | 鷄

닭 **계**

`爫 丝 奚 奚 奚 鄈 鷄 鷄 鷄`

鷄卵(계란) 달걀.
鷄肋(계륵) 닭의 갈비라는 뜻으로, 그다지 큰 소용은 없으나 버리기에는 아까운 것을 이르는 말.
養鷄(양계) 닭을 먹여 기름. 또는 그 닭.

古 | 口 2획 | 古

옛 **고**

`一 十 十 古 古`

古今(고금) 예전과 지금을 아울러 이르는 말.
古墳(고분) 고대에 만들어진 무덤.
古典(고전) 옛날의 의식(儀式)이나 법식(法式). 오랫동안 많은 사람에게 널리 읽히고 모범이 될 만한 문학이나 예술 작품.

• 感慨無量(감개무량): 마음속의 느낌이 한량 없음.

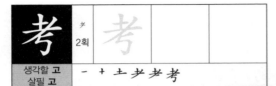

考 耂 2획 考

생각할 고 / 살필 고 — 十 土 耂 耂 考

考慮(고려) 생각하고 헤아려 봄.
考試(고시) 어떤 자격이나 면허를 주기 위하여 시행하는 여러 가지 시험. 주로 공무원의 임용 자격을 결정하는 시험.
考察(고찰) 어떤 것을 깊이 생각하고 연구함.

告 口 4획 告

알릴 고 / ′ ▲ 牛 牛 告 告

告白(고백) 마음속에 생각하고 있는 것이나 감추어 둔 것을 사실대로 숨김없이 말함.
告發(고발) 세상에 잘 알려지지 않은 잘못이나 비리 따위를 드러내어 알림.
告知(고지) 게시나 글을 통하여 알림.

固 口 5획 固

굳을 고 冂 冂 冃 困 困 周 固

固守(고수) 차지한 물건이나 형세 따위를 굳게 지킴.
固定(고정) 한번 정한 대로 변경하지 아니함. 한곳에 꼭 붙어 있거나 붙어 있게 함.
固執(고집) 자기의 의견을 바꾸거나 고치지 않고 굳게 버팀. 또는 그렇게 버티는 성미.

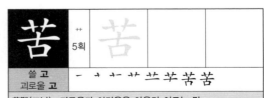

苦 ⁺⁺ 5획 苦

쓸 고 / 괴로울 고 — 十 艹 艹 艹 芏 苦 苦

苦難(고난) 괴로움과 어려움을 아울러 이르는 말.
苦惱(고뇌) 괴로워하고 번뇌함.
苦杯(고배) 쓴 술이 든 잔. 쓰라린 경험을 비유적으로 이르는 말.

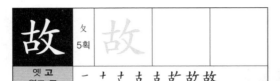

故 攵 5획 故

옛 고 / 연고 고 — 十 十 古 古 扗 故 故

故事(고사) 유래가 있는 옛날의 일. 또는 그런 일을 표현한 어구.
故人(고인) 죽은 사람.
故鄕(고향) 자기가 태어나서 자란 곳. 마음속에 깊이 간직한 그립고 정든 곳.

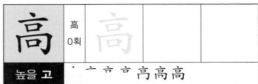

高 高 0획 高

높을 고 ′ 亠 亠 古 高 高 高

高麗(고려) 918년에 왕건이 궁예를 내쫓고 개성에 도읍하여 세운 나라.
高尙(고상) 품위나 몸가짐이 속되지 아니하고 훌륭함.
高低(고저) 높고 낮음. 높낮이.

曲 曰 2획 曲

굽을 곡 丨 冂 冂 冎 曲 曲

曲線(곡선) 모나지 아니하고 부드럽게 굽은 선.
曲面(곡면) 이차원 공간으로, 공간 내의 어떤 점의 근방(近傍)도 평면의 일부분과 동일시할 수 있는 것.
曲折(곡절) 순조롭지 아니하게 얽힌 이런저런 복잡한 사정이나 까닭.

谷 谷 0획 谷

골 곡 / 골짜기 곡 ′ ハ グ 父 父 谷 谷

谷澗(곡간) 산골짜기를 흐르는 시냇물.
谷王(곡왕) '바다'를 달리 이르는 말.
谷風(곡풍) 봄바람. 골바람.

穀 禾 10획 穀

곡식 곡 — 十 土 吉 吉 声 幸 彔 縠 穀

穀物(곡물) 사람의 식량이 되는 쌀, 보리, 콩, 조, 기장, 수수, 밀, 옥수수 따위를 통틀어 이르는 말.
穀間(곡간) 곡식을 보관해 두는 곳간.
穀酒(곡주) 곡식으로 빚은 술.

困 口 4획 困

괴로울 곤 / 곤할 곤 丨 冂 冂 用 困 困 困

困境(곤경) 어려운 형편이나 처지.
困難(곤란) 사정이 몹시 딱하고 어려움. 또는 그런 일.
困辱(곤욕) 심한 모욕. 또는 참기 힘든 일.

甘言利設(감언이설): 남의 비위에 맞도록 꾸민 달콤한 말과 이로운 조건을 붙여 꾀는 말. ●

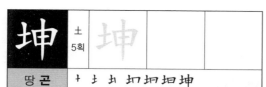

坤	土 5획	坤		
땅 곤	一 十 土 圹 坢 坤 坤			

坤宮(곤궁) 황후(皇后) 또는 그 처소.
坤命(곤명) 토속 신앙이나 점술에서, 여자가 태어난 해를 이르는 말.
坤位(곤위) 여자의 신주나 위패 또는 무덤.

工	工 0획	工		
장인 공	一 T 工			

工業(공업) 원료를 인력이나 기계력으로 가공하여 유용한 물자를 만드는 산업.
工場(공장) 원료나 재료를 가공하여 물건을 만들어 내는 설비를 갖춘 곳.
工藝(공예) 물건을 만드는 기술에 관한 재주.

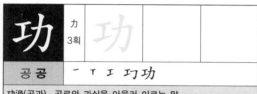

功	力 3획	功		
공 공	一 T 工 功 功			

功過(공과) 공로와 과실을 아울러 이르는 말.
功勞(공로) 일을 마치거나 목적을 이루는 데 들인 노력과 수고. 또는 일을 마치거나 그 목적을 이룬 결과로서의 공적.
功德(공덕) 착한 일을 하여 쌓은 업적과 어진 덕.

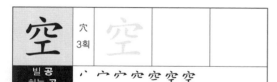

空	穴 3획	空		
빌 공 하늘 공	宀 宀 宀 宍 空 空 空			

空間(공간) 아무것도 없는 빈 곳.
空氣(공기) 지구를 둘러싼 대기의 하층부를 구성하는 무색, 무취의 투명한 기체. 그 자리에 감도는 기분이나 분위기.
空白(공백) 종이나 책 따위에서 글씨나 그림이 없는 빈 곳.

科	禾 4획	科		
과정 과 과목 과	二 千 禾 禾 禾 秆 科			

科目(과목) 가르치거나 배워야 할 지식 및 경험의 체계를 세분하여 계통을 세운 영역.
科程(과정) 교육과정(教育課程)의 준말.
科學(과학) 보편적인 진리나 법칙의 발견을 목적으로 한 체계적인 지식.

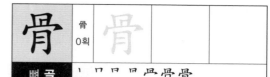

骨	骨 0획	骨		
뼈 골	㇉ ㅁ ㅁ ㅁ 丹 骨 骨			

骨格(골격) 동물의 체형(體型)을 이루고 몸을 지탱하는 뼈.
骨髓(골수) 뼈의 중심부인 골수 공간(骨髓空間)에 가득 차 있는 결체질(結締質)의 물질. 요점이나 골자를 비유적으로 이르는 말.
骨折(골절) 뼈가 부러짐.

公	八 2획	公		
공평할 공	丿 八 公 公			

公開(공개) 어떤 사실이나 사물, 내용 따위를 여러 사람에게 널리 터놓음.
公共(공공) 국가나 사회의 구성원에게 두루 관계되는 것.
公約(공약) 정부, 정당, 입후보자 등이 어떤 일에 대하여 국민에게 실행할 것을 약속함. 또는 그런 약속.

共	八 4획	共		
함께 공 한가지 공	一 十 丗 丗 共 共			

共感(공감) 남의 감정, 의견, 주장 따위에 대하여 자기도 그렇다고 느낌. 또는 그렇게 느끼는 기분.
共同(공동) 둘 이상의 사람이나 단체가 함께 일을 함.
共通(공통) 둘 또는 그 이상의 여럿 사이에 두루 통하고 관계됨.

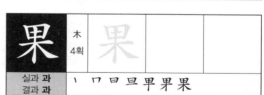

果	木 4획	果		
실과 과 결과 과	丨 口 曰 旦 甲 果 果			

果敢(과감) 과단성이 있고 용감함.
果斷(과단) 일을 딱 잘라서 결정함.
果實(과실) 과일. 열매.

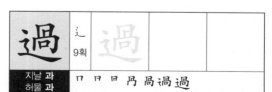

過	辶 9획	過		
지날 과 허물 과	㇞ ㇞ 咼 咼 咼 過 過			

過去(과거) 이미 지나간 때. 지나간 일이나 생활.
過程(과정) 일이 되어 가는 경로.
過熱(과열) 지나치게 뜨거워짐. 또는 그런 열. 지나치게 활기를 띰.

• 甘吞苦吐(감탄고토): '달면 삼키고 쓰면 뱉는다'는 뜻으로 비위에 맞으면 좋아하고 안 맞으면 돌아서는 것.

課	言 8획	課			

매길 **과**
부과할 **과**　　丶亠亖言言訳評課課

課稅(과세) 세금을 정하여 그것을 내도록 의무를 지움.
課程(과정) 해야 할 일의 정도. 일정한 기간에 교육하거나 학습하여야 할 과목의 내용과 분량.
課長(과장) 한 과(課)의 책임자.

官	宀 5획	官			

벼슬 **관**
기관 **관**　　丶宀宀宀官官官

官僚(관료) 직업적인 관리. 또는 그들의 집단.
官廳(관청) 국가의 사무를 집행하는 국가 기관. 또는 그런 곳.
官職(관직) 직무의 일반적 종류를 뜻하는 관(官)과 구체적 범위를 뜻하는 직(職)을 통틀어 이르는 말.

關	門 11획	關			

빗장 **관**
관계할 **관**　　門門門門門閂閂閏閣關關關

關係(관계) 둘 이상의 사람, 사물, 현상 따위가 서로 관련을 맺거나 관련이 있음.
關聯(관련) 어떤 일과 다른 일과의 사이에 인과적인 관계가 있음.
關心(관심) 어떤 것에 마음이 끌려 주의를 기울임.

觀	見 18획	觀			

볼 **관**　　一丷丱莘莘萑萑勸觀觀

觀光(관광) 다른 지방이나 다른 나라에 가서 그곳의 풍경, 풍습, 문물 따위를 구경함.
觀念(관념) 어떤 일에 대한 견해나 생각.
觀點(관점) 사물이나 현상을 관찰할 때 그것을 보거나 생각하는 각도.

光	儿 4획	光			

빛 **광**　　丨丨丬业业光光

光線(광선) 빛의 줄기. 빛 에너지가 전파되는 경로를 나타내는 선.
光景(광경) 벌어진 일의 형편과 모양.
光彩(광채) 아름답고 찬란한 빛. 섬뜩할 정도로 날카로운 빛.

廣	广 12획	廣			

넓을 **광**　　亠广庐庐庐庐庐庐庐廣廣

廣告(광고) 세상에 널리 알림. 또는 그런 일.
廣場(광장) 많은 사람이 모일 수 있게 거리에 만들어 놓은, 넓은 빈터.
廣範(광범) 대상으로 하는 범위가 넓음.

交	亠 4획	交			

사귈 **교**
바뀔 **교**　　丶亠六六交交

交流(교류) 근원이 다른 물줄기가 서로 섞이어 흐름. 또는 그런 줄기. 문화나 사상 따위가 서로 통함.
交涉(교섭) 어떤 일을 이루기 위하여 서로 의논하고 절충함.
交換(교환) 서로 바꿈. 서로 주고받고 함.

校	木 6획	校			

학교 **교**　　十才木杧柡杦校

校歌(교가) 학교를 상징하는 노래. 학교의 교육 정신, 이상, 특성 따위를 담고 있음.
校服(교복) 학교에서 학생들이 입도록 정한 제복.
校訓(교훈) 학교의 이념이나 목표를 간명하게 나타낸 표어.

敎	攵 7획	敎			

가르칠 **교**
종교 **교**　　ノメ孝孝孝敎敎

敎授(교수) 대학에서 학문을 가르치고 연구하는 사람.
敎育(교육) 지식과 기술 따위를 가르치며 인격을 길러 줌.
敎室(교실) 유치원, 초등학교, 중·고등학교에서 학습 활동이 이루어지는 방.

橋	木 12획	橋			

다리 **교**　　一十才木杧杯楿橋橋橋

橋脚(교각) 다리를 받치는 기둥.
橋臺(교대) 다리의 양쪽 끝을 받치는 기둥.
橋梁(교량) 시내나 강을 사람이나 차량이 건널 수 있게 만든 다리

| 九 | 乙
1획 | 九 | | |

| 아홉 구 | ノ九 |

九禁(구금) 아홉 겹의 금문(禁門)이라는 뜻으로, 대궐을 이르는 말.
九重(구중) 아홉 겹이라는 뜻으로, 여러 겹이나 층을 이르는 말.
九泉(구천) 땅속 깊은 밑바닥이란 뜻으로, 죽은 뒤에 넋이 돌아가는 곳을 이르는 말.

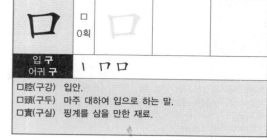

| 口 | 口
0획 | 口 | | |

| 입 구
어귀 구 | 丨口口 |

口腔(구강) 입안.
口頭(구두) 마주 대하여 입으로 하는 말.
口實(구실) 핑계를 삼을 만한 재료.

| 久 | ノ
2획 | 久 | | |

| 오랠 구 | ノク久 |

久勤(구근) 한 가지 일에 오랫동안 힘씀. 한 직장에 오랫동안 근무함.
久任(구임) 일을 오랫동안 맡김.
永久(영구) 어떤 상태가 시간상으로 무한히 이어짐.

| 句 | 口
2획 | 句 | | |

| 글귀 구
구절 구 | ノク勺句句 |

句讀(구두) 단어 구절을 점이나 부호 등으로 표하는 방법.
句節(구절) 한 토막의 말이나 글.
語句(어구) 말의 마디나 구절.

| 求 | 水
3획 | 求 | | |

| 구할 구 | 一十十才才求求 |

求心(구심) 중심으로 가까워져 옴. 참된 마음을 찾아 참선함.
求愛(구애) 이성에게 사랑을 구함.
求職(구직) 일정한 직업을 찾음.

| 究 | 穴
2획 | 究 | | |

| 궁구할 구 | 丶丷宀宀究究究 |

究竟(구경) 마지막에 이르는 것. 가장 지극한 깨달음.
究明(구명) 사물의 본질, 원인 따위를 깊이 연구하여 밝힘.
研究(연구) 어떤 일이나 사물에 대하여서 깊이 있게 조사하고 생각하여 진리를 따져 보는 일.

| 救 | 攵
7획 | 救 | | |

| 건질 구
구원할 구 | 一十才求求求救救 |

救援(구원) 어려움이나 위험에 빠진 사람을 구하여 줌.
救濟(구제) 자연적인 재해나 사회적인 피해를 당하여 어려운 처지에 있는 사람을 도와줌.
救出(구출) 위험한 상태에서 구하여 냄.

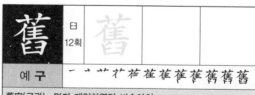

| 舊 | 臼
12획 | 舊 | | |

| 예 구 | 一卝芉艹莅萑萑舊舊舊舊 |

舊官(구관) 먼저 재임하였던 벼슬아치.
舊面(구면) 예전부터 알고 있는 처지. 또는 그런 사람.
舊態(구태) 뒤떨어진 예전 그대로의 모습.

| 國 | 口
8획 | 國 | | |

| 나라 국 | 冂冂同同國國國國 |

國家(국가) 일정한 영토와 거기에 사는 사람들로 구성되고, 주권에 의한 하나의 통치 조직을 가지고 있는 사회 집단. 국민·영토·주권이 삼요소.
國民(국민) 국가를 구성하는 사람. 또는 그 나라의 국적을 가진 사람.
國語(국어) 한 나라의 국민이 쓰는 말.

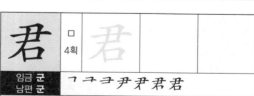

| 君 | 口
4획 | 君 | | |

| 임금 군
남편 군 | フㅋㅋ尹君君君 |

君臣(군신) 임금과 신하를 아울러 이르는 말.
君子(군자) 행실이 점잖고 어질며 덕과 학식이 높은 사람.
君主(군주) 세습적으로 나라를 다스리는 최고 지위에 있는 사람.

軍	車 2획	軍		
군사 군	´ ̄ ̄ ̄ ̄冖 宣 軍			

軍隊(군대) 일정한 규율과 질서를 가지고 조직된 군인의 집단.
軍士(군사) 예전에, 군인이나 군대를 이르던 말.
軍人(군인) 군대에서 복무하는 사람. 육해공군의 장교, 부사관, 병사를 통틀어 이르는 말.

郡	阝 7획	郡		
고을 군	¬ ⺕ 尹 君 君' 郡' 郡			

郡民(군민) 그 군(郡)에 사는 사람.
郡守(군수) 군(郡)의 행정을 맡아보는 으뜸 직위에 있는 사람. 또는 그 직위.
郡廳(군청) 군(郡)의 행정 사무를 맡아보는 기관. 또는 그 청사.

弓	弓 0획	弓		
활 궁	¬ ¬ 弓			

弓馬(궁마) 활과 말을 아울러 이르는 말. 궁술(弓術)과 마술(馬術)을 아울러 이르는 말.
弓手(궁수) 활 쏘는 일을 맡아 하는 군사.
弓術(궁술) 활 쏘는 기술.

卷	已 6획	卷		
책 권 쇠뇌 권	` ⺍ ⺌ 屰 半 券 卷			

卷頭(권두) 책의 첫머리.
卷末(권말) 책의 맨 끝.
席卷(석권) 돗자리를 만다는 뜻으로, 빠른 기세로 영토를 휩쓸거나 세력 범위를 넓힘을 이르는 말.

勸	力 18획	勸		
권할 권	萑 雚 勸 勸			

勸告(권고) 어떤 일을 하도록 권함. 또는 그런 말.
勸誘(권유) 어떤 일 따위를 하도록 권함.
勸勉(권면) 알아듣도록 권하고 격려하여 힘쓰게 함.

權	木 18획	權		
권세 권 저울추 권	木 术 栏 栉 棒 權 權 權			

權力(권력) 남을 복종시키거나 지배할 수 있는 공인된 권리와 힘.
權勢(권세) 권력과 세력을 아울러 이르는 말.
權限(권한) 어떤 사람이나 기관의 권리나 권력이 미치는 범위.

貴	貝 5획	貴		
귀할 귀	⼍ ⼌ 中 虫 虫 贵 貴			

貴中(귀중) 편지나 물품을 받는 단체의 이름 밑에 쓰는 말.
貴族(귀족) 가문이나 신분 따위가 좋아 정치적·사회적 특권을 가진 계층. 또는 그런 사람.
富貴(부귀) 재산이 많고 지위가 높음.

歸	止 14획	歸		
돌아갈 귀	` ⼻ ⼾ ⼸ 自 自 皀 皀" 皀" 歸歸			

歸家(귀가) 집으로 돌아가거나 돌아옴.
歸國(귀국) 외국에 나가 있던 사람이 자기 나라로 돌아오거나 돌아감.
歸還(귀환) 다른 곳으로 떠나 있던 사람이 본래 있던 곳으로 돌아오거나 돌아감.

均	土 4획	均		
고를 균	⼀ ⼗ ⼟ 圴 圴 均 均			

均等(균등) 고르고 가지런하여 차별이 없음.
均一(균일) 한결같이 고름.
均衡(균형) 어느 한쪽으로 기울거나 치우치지 아니하고 고른 상태.

極	木 9획	極		
다할 극 지극할, 끝 극	⼗ 木 朾 朽 朽 柯 極 極 極			

極度(극도) 더할 수 없는 정도.
極端(극단) 맨 끝. 길이나 일의 진행이 끝까지 미쳐 더 나아갈 데가 없는 지경.
極限(극한) 궁극의 한계. 사물이 진행하여 도달할 수 있는 최후의 단계나 지점을 말함.

去頭截尾(거두절미): '머리를 버리고 꼬리를 잘라낸다'의 뜻으로 앞뒤의 것은 빼고 요점만 말함.

近 辶 4획 近

가까울 근 ´ ⺁ ⺁ 斤 近 近

近視(근시) 가까운 데 있는 것은 잘 보아도 먼 데 있는 것은 선명하게 보지 못하는 시력.
近處(근처) 가까운 곳.
近海(근해) 앞바다. 가까운 바다.

根 木 6획 根

뿌리 근
근본 근 十 木 朴 柯 柯 根 根

根據(근거) 근본이 되는 거점. 어떤 일이나 의논, 의견에 그 근본이 됨. 또는 그런 까닭.
根性(근성) 태어날 때부터 지니고 있는 근본적인 성질.
根絶(근절) 다시 살아날 수 없도록 아주 뿌리째 없애 버림.

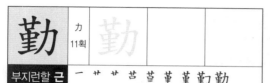

勤 力 11획 勤

부지런할 근 一 艹 廿 苎 苩 堇 堇 勤 勤

勤儉(근검) 부지런하고 검소함.
勤務(근무) 직장에 적을 두고 직무에 종사함. 일직, 숙직, 당번 따위를 맡아서 집행함.
勤勉(근면) 부지런히 일하며 힘씀.

今 人 2획 今

이제 금 ノ 人 스 今

今年(금년) 올해.
今方(금방) 방금. 이제. 지금 막.
今次(금차) 이번.

金 金 0획 金

쇠 금, 성 김 ノ 人 스 仐 余 余 金

金庫(금고) 화재나 도난을 막기 위하여 돈, 귀중한 서류, 귀중품 따위를 간수하여 보관하는 데 쓰는 궤. 또는 창고.
金燈(금등) 금빛이 나는 등.
金泉(김천) 경상북도 서남부에 있는 시.

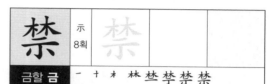

禁 示 8획 禁

금할 금 一 十 才 林 埜 埜 禁 禁

禁忌(금기) 마음에 꺼려서 하지 않거나 피함.
禁食(금식) 치료나 종교, 또는 그 밖의 이유로 일정 기간 동안 음식을 먹지 못하게 금해짐. 또는 먹지 않음.
禁煙(금연) 담배를 피우는 것을 금함.

及 又 2획 及

미칠 급 ノ ア 乃 及

及第(급제) 시험이나 검사 따위에 합격함.
及唱(급창) 조선 시대에, 군아에 속하여 원의 명령을 간접으로 받아 큰 소리로 전달하는 일을 맡아보던 사내종.
遡及(소급) 과거에까지 거슬러 올라가서 미치게 함.

急 心 5획 急

급할 급
빠를 급 ⺈ 숙 숙 刍 急 急 急

急減(급감) 급작스럽게 줄어듦.
急迫(급박) 사태가 조금도 여유가 없이 매우 급함.
急派(급파) 급히 파견함.

給 糸 6획 給

넉넉할 급
줄 급 ノ 幺 糸 糿 紗 給 給

給食(급식) 식사를 공급함. 또는 그 식사.
給與(급여) 돈이나 물품 따위를 줌. 또는 그 돈이나 물품.
供給(공급) 요구나 필요에 따라 물품 따위를 제공함. 교환하거나 판매하기 위하여 시장에 재화나 용역을 제공하는 일.

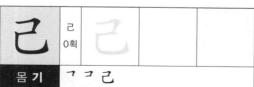

己 己 0획 己

몸 기 ⺕ ⺄ 己

己未(기미) 육십갑자의 쉰여섯째.
己出(기출) 자기가 낳은 자식.
自己(자기) 그 사람 자신.

技 扌 技
4획

재주 기　一 十 扌 扌 扩 抄 技

技巧(기교) 기술이나 솜씨가 아주 교묘함. 또는 그런 기술이나 솜씨.
技倆(기량) 기술상의 재주.
技藝(기예) '기술'과 '예술'을 아울러 이르는 말.

其 八 其
6획

그 기　一 十 廿 甘 其 其

其間(기간) 어느 때부터 다른 어느 때까지의 동안.
其餘(기여) 그 나머지.
其他(기타) 그 밖의 또 다른 것.

氣 气 氣
6획

기운 기　ノ ケ 气 气 气 気 氣

氣槪(기개) 씩씩한 기상과 굳은 절개.
氣溫(기온) 대기(大氣)의 온도. 보통 지면으로부터 1.5미터 높이의 백엽상 속에 놓인 온도계로 잰 온도를 말함.
氣運(기운) 어떤 일이 벌어지려고 하는 분위기.

起 走 起
3획

일어날 기　一 十 キ 丰 走 起 起 起

起立(기립) 일어나서 섬.
起源(기원) 사물이 처음으로 생김. 또는 그런 근원.
起因(기인) 일이 일어나게 된 까닭. 어떠한 것에 원인을 둠.

記 言 記
3획

기록할 기　ニ ヨ 言 言 言 記 記 記

記念(기념) 어떤 뜻 깊은 일이나 훌륭한 인물 등을 오래도록 잊지 아니하고 마음에 간직함.
記錄(기록) 주로 후일에 남길 목적으로 어떤 사실을 적음.
記號(기호) 어떠한 뜻을 나타내는 표.

基 土 基
8획

터 기　一 廿 廿 其 其 其 基

基本(기본) 사물이나 현상, 이론, 시설 따위의 기초와 근본.
基準(기준) 기본이 되는 표준. 제식 훈련에서, 대오(隊伍)를 정렬하는 데 기본이 되는 표준을 대원들에게 알리는 구령.
基礎(기초) 사물이나 일 따위의 기본이 되는 토대.

旣 牙 旣
7획

이미 기　' ń 白 白 白 白 旣 旣

旣決(기결) 이미 결정함.
旣存(기존) 이미 존재함.
旣婚(기혼) 이미 결혼함.

幾 幺 幾
9획

거의 기
기미 기, 몇 기　ノ 幺 幺 幺 幺 幺 幾 幾

幾微(기미) 앞일에 대한 다소 막연한 예상이나 짐작이 들게 하는 어떤 현상이나 상태. 낌새.
幾回(기회) 몇 번. 또는 몇 차례.
幾何(기하) 기하학의 준말. 얼마.

期 月 期
8획

기약할 기
기간 기　一 廿 其 其 期 期 期

期待(기대) 어떤 일이 이루어지기를 바라고 기다림.
期約(기약) 때를 정하여 약속함. 또는 그런 약속.
期必(기필) 꼭 이루어지기를 기약함.

吉 口 吉
3획

길할 길　一 十 士 吉 吉 吉

吉夢(길몽) 좋은 징조의 꿈.
吉運(길운) 좋은 운수.
吉鳥(길조) 관습적으로 좋은 일을 가져온다고 여기는 새.

乾坤一擲(건곤일척): 흥망성패를 걸고 단판 싸움을 함. 즉, 하늘과 땅을 걸고 단판 승부를 함.

暖	日 9획	暖			
따뜻할 **난**	ⁿ 刂 日 日⁻ 旷 旷 旷 暖				

暖流(난류) 적도 부근의 저위도 지역에서 고위도 지역으로 흐르는 따뜻한 해류.
暖房(난방) 실내의 온도를 높여 따뜻하게 하는 일. 불을 피워 따뜻하게 된 방.
暖色(난색) 따뜻한 느낌을 주는 색. 노란색, 빨간색 계통의 색을 말함.

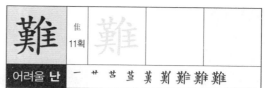

難	隹 11획	難			
어려울 **난**	一 卄 甘 莫 莫 艱 難 難 難				

難堪(난감) 이렇게 하기도 저렇게 하기도 어려워 처지가 매우 딱함.
難局(난국) 일을 하기 어려운 상황이나 국면.
難民(난민) 전쟁이나 재난 따위를 당하여 곤경에 빠진 백성. 가난하여 생활이 어려운 사람.

男	田 2획	男			
사내 **남**	丨 冂 田 田 田 男 男				

男子(남자) 남성(男性)으로 태어난 사람. 사내다운 사내.
男女(남녀) 남자와 여자를 아울러 이르는 말.
男裝(남장) 여자가 남자처럼 차림. 또는 그런 차림새.

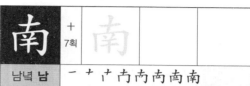

南	十 7획	南			
남녘 **남**	一 十 冂 内 南 南 南 南				

南極(남극) 자침(磁針)이 가리키는 남쪽 끝. 지축(地軸)의 남쪽 끝.
南海(남해) 남쪽에 있는 바다. 한반도 남쪽 연안의 바다 이름.
南向(남향) 남쪽으로 향함. 또는 그 방향.

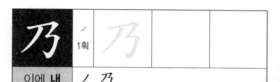

乃	丿 1획	乃			
이에 **내**	丿 乃				

乃公(내공) 임금이 신하에게 또는 아버지가 아들에게 자기를 일컫는 말.
乃至(내지) '얼마에서 얼마까지'의 뜻을 나타내는 말.
乃祖(내조) '네 할아비', '이 할아비'라는 뜻으로, 주로 편지글에서 할아버지가 손자에게 자기를 이르는 일인칭 대명사.

內	入 2획	內			
안 **내**	丨 冂 冂 內				

內閣(내각) 국가의 행정권을 담당하는 최고 합의 기관.
內容(내용) 그릇이나 포장 따위의 안에 든 것. 사물의 속내를 이루는 것.
內在(내재) 어떤 사물이나 범위의 안에 들어 있음. 형이상학 또는 종교 철학에서 신이 세계의 본질로서 세계 안에 존재함을 이르는 말.

女	女 0획	女			
여자 **녀**	乀 夂 女				

女傑(여걸) 용기가 뛰어나고 기개와 풍모가 있는 여자.
女流(여류) 어떤 전문적인 일에 능숙한 여자를 이르는 말.
女優(여우) 여배우의 줄임말.

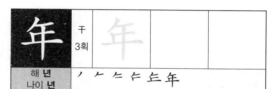

年	干 3획	年			
해 **년** 나이 **년**	丿 ⺊ ⺊ ⺊ ⺊ 年				

年金(연금) 국가나 사회에 특별한 공로가 있거나 일정 기간 동안 국가 기관에 복무한 사람에게 해마다 주는 돈.
年輪(연륜) 여러 해 동안 쌓은 경험에 의하여 이루어진 숙련의 정도.
靑年(청년) 신체적·정신적으로 한창 성장하거나 무르익은 시기에 있는 사람.

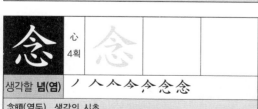

念	心 4획	念			
생각할 **념(염)**	丿 人 人 今 今 念 念				

念頭(염두) 생각의 시초.
念願(염원) 마음에 간절히 생각하고 기원함. 또는 그런 것.
默念(묵념) 묵묵히 생각에 잠김. 말없이 마음속으로 빎.

怒	心 5획	怒			
성낼 **노**	乀 夂 女 如 奴 怒 怒				

怒氣(노기) 성난 얼굴빛. 또는 그런 기색이나 기세.
怒髮(노발) 몹시 성이 나서 쭈뼛 일어선 머리카락이라는 뜻으로, 몹시 화가 남을 이르는 말.
怒號(노호) 성내어 소리를 지름. 또는 그 소리.

• 桀犬吠堯(걸견폐요): 개는 선악을 불문하고 각기 그 주인에게만 충성을 한다.

農	辰 6획	農			
농사 농		⌐ 冂 曲 曲 曲 芦 芦 農 農 農			

農夫(농부) 농사짓는 일을 직업으로 하는 사람.
農事(농사) 곡류, 과채류 따위의 씨나 모종을 심어 기르고 거두는
따위의 일. 자녀를 낳아 기르는 일을 비유적으로 이르는 말.
農村(농촌) 주민의 대부분이 농업에 종사하는 마을이나 지역.

能	月 6획	能			
능할 능		㇄ ㄥ 台 台 台 能 能 能			

能動(능동) 스스로 내켜서 움직이거나 작용함.
能率(능률) 일정한 시간에 할 수 있는 일의 비율.
能通(능통) 사물의 이치에 훤히 통달함.

多	夕 3획	多			
많을 다		ノ ク タ タ 多 多			

多數(다수) 수효가 많음.
多樣(다양) 여러 가지 모양이나 양식.
多作(다작) 작품 따위를 많이 지어냄. 농산물이나 물품을 많이 생산함.

丹	ヽ 3획	丹			
붉을 단		ノ 刀 刀 丹			

丹粧(단장) 얼굴, 머리, 옷차림 따위를 곱게 꾸밈.
丹靑(단청) 집의 벽, 기둥, 천장 등에 여러 가지 빛깔로 그림과 무늬를 그림.
丹田(단전) 배꼽 아래로 한 치 다섯 푼 되는 곳. 아랫배에 해당
하며 여기에 힘을 주면 건강과 용기를 얻는다고 함.

但	亻 5획	但			
다만 단		ノ 亻 亻 亻 但 但 但			

但只(단지) 다만.
但書(단서) 법률 조문이나 문서 따위에서, 본문 다음에 그에 대
한 어떤 조건이나 예외 따위를 나타내는 글.
非但(비단) 부정하는 말 앞에서 '다만', '오직'의 뜻으로 쓰이는 말.

單	口 9획	單			
홑 단		ヽ ㅁ ㅁㅁ ㅁㅁ 罩 單			

單獨(단독) 단 한 사람. 단 하나.
單純(단순) 복잡하지 않고 간단함.
單語(단어) 분리하여 자립적으로 쓸 수 있는 말이나 이에 준하
는 말. 또는 그 말의 뒤에 붙어서 문법적 기능을 나타내는 말.

短	矢 7획	短			
짧을 단		ノ ㅏ 矢 矢 矩 短 短			

短期(단기) 짧은 기간.
短點(단점) 잘못되고 모자라는 점.
短縮(단축) 시간이나 거리 따위가 짧게 줄어듦. 또는 그렇게 줄임.

端	立 9획	端			
실마리 단 **바를 단**		ヽ ㇀ 亠 亠 㳇 㳇 㳇 端 端			

端緒(단서) 어떤 문제를 해결하는 방향으로 이끌어 가는 일의
첫 부분.
端整(단정) 깨끗이 정리되어 가지런함.
端言(단언) 도리에 어긋나지 아니한 바른말을 함. =正言(정언)

達	辶 9획	達			
이를 달 **통달할 달**		ㅗ 土 坴 去 幸 達 達			

達觀(달관) 사소한 사물이나 일에 얽매이지 않고 세속을 벗어난
활달한 식견이나 인생관. 사물에 통달한 식견이나 관찰.
達辯(달변) 능숙하여 막힘이 없는 말.
達成(달성) 목적한 것을 이룸.

談	言 8획	談			
이야기 담 **말씀 담**		㇀ ㄹ 言 言 談 談 談			

談論(담론) 이야기를 주고받으며 논의함. 소설에서, 서사 구조
의 내용을 이루는 서술 전체.
談笑(담소) 웃고 즐기면서 이야기함. 또는 그런 이야기.
談判(담판) 서로 맞선 관계에 있는 쌍방이 의논하여 옳고 그름을 판단함.

格物致知(격물치지): 사물의 이치를 규명하여 자기의 지식을 확고하게 함. ●

答	竹 6획	答		
대답할 답	` ⺮ ⺮ 笑 笑 答 答 `			

答禮(답례) 말, 동작, 물건 따위로 남에게서 받은 예(禮)를 도로 갚음. 또는 그 예.
答辯(답변) 물음에 대하여 밝혀 대답함. 또는 그런 대답.
答狀(답장) 회답하는 편지를 보냄. 또는 그 편지.

堂	土 8획	堂		
집 당	` ⺍ ⺍ 当 尚 尚 堂 堂 `			

堂堂(당당) 남 앞에서 내세울 만큼 떳떳한 모습이나 태도.
堂叔(당숙) 아버지의 사촌 형제. =從叔(종숙).
講堂(강당) 강연이나 강의, 의식 따위를 할 때에 쓰는 건물이나 큰 방.

當	田 8획	當		
일당당할 당 **마땅할 당**	` ⺍ ⺍ 当 尚 尚 當 當 `			

當然(당연) 일의 앞뒤 사정을 놓고 볼 때 마땅히 그러함.
當選(당선) 선거에서 뽑힘. 심사나 선발에서 뽑힘.
當直(당직) 근무하는 곳에서 숙직이나 일직 따위의 당번이 됨. 또는 그런 차례가 된 사람.

大	大 0획	大		
클 대, 큰 대	` 一 ナ 大 `			

大膽(대담) 담력이 크고 용감함.
大暑(대서) 몹시 심한 더위. 이십사절기의 하나. 소서(小暑)와 입추(立秋) 사이에 들며, 일 년 중 가장 무더운 시기.
大選(대선) 대통령을 뽑는 선거.

代	亻 3획	代		
대신할 대	` ノ 亻 仁 代 代 `			

代價(대가) 일을 하고 그에 대한 값으로 받는 보수. 노력이나 희생을 통하여 얻게 되는 결과. =代金(대금).
代替(대체) 다른 것으로 대신함.
代表(대표) 전체의 상태나 성질을 어느 하나로 잘 나타냄.

待	亻 6획	待		
기다릴 대 **대할 대**	` ノ 亻 彳 彳 往 待 待 `			

待遇(대우) 어떤 사회적 관계나 태도로 대하는 일. 직장에서의 지위나 급료 따위의 근로 조건. 예의를 갖추어 대하는 일.
待接(대접) 마땅한 예로써 대함. 음식을 차려 접대함.
待避(대피) 위험이나 피해를 입지 않도록 일시적으로 피함.

對	寸 11획	對		
대할 대	` ⺀ ⺀ 业 业 丵 丵 丵 幸 對 對 `			

對備(대비) 앞으로 일어날지도 모르는 어떠한 일에 대응하기 위하여 미리 준비함. 또는 그런 준비.
對應(대응) 어떤 일이나 사태에 맞추어 태도나 행동을 취함.
對策(대책) 어떤 일에 대처할 계획이나 수단.

德	亻 12획	德		
품행 덕 **은혜, 덕 덕**	` 亻 亻 彳 彷 德 德 德 德 德 `			

德目(덕목) 충(忠), 효(孝), 인(仁), 의(義) 따위의 덕을 분류하는 명목.
德望(덕망) 덕행으로 얻은 명망.
德分(덕분) 베풀어 준 은혜나 도움.

刀	刀 0획	刀		
칼 도	` フ 刀 `			

刀錢(도전) 중국 연나라·제나라·조나라에서 유통된 칼 모양 화폐.
刀布(도포) 주나라 때 화폐였던 도전(刀錢)과 포폐(布幣).
粧刀(장도) 주머니 속에 넣거나 옷고름에 늘 차고 다니는 칼집이 있는 작은 칼.

到	刂 6획	到		
이를 도	` 一 丆 圶 圣 至 至 到 `			

到達(도달) 목적한 곳이나 수준에 다다름.
到着(도착) 목적한 곳에 다다름.
到處(도처) 이르는 곳.

• 激濁揚淸(격탁양청): 탁류를 몰아내고 청파를 끌어들임. 惡을 미워하고 善을 좋아함.

度
广
6획

법도 도
정도 도

` 广 广 庐 庐 度 度

度量(도량) 사물을 너그럽게 용납하여 처리할 수 있는 넓은 마음과 깊은 생각. 재거나 되거나 하여 사물의 양을 헤아림.
度數(도수) 거듭하는 횟수. 각도, 온도, 광도 따위의 크기를 나타내는 수.
度外(도외) 어떤 한도나 범위의 밖.

島
山
7획

섬 도

` ´ ᅥ 卢 ㅌ 鳥 鳥 島 島

島嶼(도서) 크고 작은 온갖 섬.
島監(도감) 울릉도를 다스리던 벼슬. 또는 그런 벼슬아치.
島影(도영) 섬의 그림자. 희미하게 보이는 섬의 모습.

徒
彳
7획

무리 도
걸어다닐 도

ᄼ ᅡ ᅥ ᅥ 仹 件 徒 徒

徒步(도보) 탈것을 타지 않고 걸어감.
徒路(도로) 걸어서 가는 길.
徒黨(도당) 불순한 사람의 무리. 집단을 이룬 무리.

道
辶
9획

길 도

ᅩ ᅭ ᅭ 产 首 首 道 道

道德(도덕) 사회의 구성원들이 양심, 사회적 여론, 관습 따위에 비추어 스스로 마땅히 지켜야 할 행동 준칙이나 규범의 총체.
道路(도로) 사람, 차 등이 다닐 수 있도록 만든 비교적 넓은 길.
道理(도리) 사람이 어떤 입장에서 마땅히 행하여야 할 바른길.

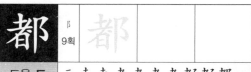

都
阝
9획

도읍 도

一 十 土 ᅳ ᅳ 者 者 者' 都 都

都買(도매) 물건을 낱개로 사지 않고 모개로 삼.
都市(도시) 일정한 지역의 정치·경제·문화의 중심이 되는, 사람이 많이 사는 지역.
都邑(도읍) 그 나라의 수도를 정함.

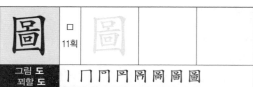

圖
口
11획

그림 도
꾀할 도

l 冂 冂 冏 昌 圖 圖 圖 圖

圖書(도서) 그림, 글씨, 책 따위를 통틀어 이르는 말.
圖章(도장) 일정한 표적으로 삼기 위하여 개인, 단체, 관직 따위의 이름을 나무, 뼈, 뿔, 수정, 돌, 금 따위에 새겨 문서에 찍도록 만든 물건.
圖形(도형) 그림의 모양이나 형태.

獨
犭
9획

홀로 독

ノ ᅥ ᅥ 犷 犷 獨 獨 獨 獨

獨居(독거) 혼자 삶. 또는 홀로 지냄.
獨立(독립) 남의 힘을 입지 않고 홀로 섬.
獨創(독창) 다른 것을 모방함이 없이 새로운 것을 처음으로 만들어 내거나 생각해 냄.

讀
言
15획

읽을 독
구절 두

ᅳ 言 言 言 讀 讀 讀 讀

讀音(독음) 글을 읽는 소리. 한자(漢字)의 음.
讀書(독서) 책을 읽음.
讀者(독자) 책, 신문, 잡지 따위의 글을 읽는 사람.

冬
夂
3획

겨울 동

ノ ク 夂 冬 冬

冬期(동기) 겨울의 시기.
冬眠(동면) 겨울이 되면 동물이 활동을 중단하고 땅속 따위에서 겨울을 보내는 일.
冬至(동지) 이십사절기의 하나. 대설과 소한 사이에 듦.

同
口
3획

한가지 동

l 冂 冂 同 同

同感(동감) 어떤 견해나 의견에 같은 생각을 가짐.
同僚(동료) 같은 직장이나 같은 부문에서 함께 일하는 사람.
同意(동의) 같은 의미. 의사나 의견을 같이함. 다른 사람의 행위를 승인하거나 시인함.

隔靴搔痒(격화소양): 일을 열심히 해도 자신의 목적을 달성하지 못함을 비유.

| 東 | 木
4획 | 東 | | | |

동녘 **동**   一 丁 丏 亓 亓 東 東

東西(동서) 동쪽에서 서쪽으로 향하는 방향. 동양과 서양을 아울러
이르는 말.
東洋(동양) 유라시아 대륙의 동부 지역.
東海(동해) 동쪽에 있는 바다. 우리나라 동쪽의 바다.

| 動 | 力
9획 | 動 | | | |

움직일 **동**   一 二 千 千 千 盲 重 重 動 動

動産(동산) 형상, 성질 따위를 바꾸지 아니하고 옮길 수 있는 재산. 토
지나 그 위에 고착된 건축물을 제외한 재산으로 돈, 증권, 세간 따위.
動物(동물) 생물계를 식물과 함께 둘로 구분한 하나.
動力(동력) 어떤 일을 발전시키고 밀고 나가는 힘.

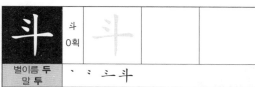

| 斗 | 斗
0획 | 斗 | | | |

별이름 **두**
말 **두**   ` ㆍ 三 斗

斗南(두남) 북두칠성의 남쪽이라는 뜻으로, 온 천하를 이르는 말.
斗頓(두둔) 편들어 감싸 주거나 역성을 들어줌.
斗星(두성) 이십팔수의 여덟째 별자리.

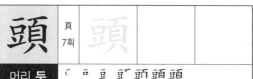

| 頭 | 頁
7획 | 頭 | | | |

머리 **두**   一 豆 豆 豆 頭 頭 頭

頭角(두각) 짐승의 머리에 있는 뿔. 뛰어난 학식이나 재능을 비
유적으로 이르는 말.
頭腦(두뇌) 뇌. 지식수준이 높은 사람을 비유적으로 이르는 말.
頭痛(두통) 머리가 아픈 증세.

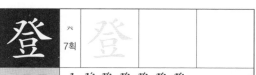

| 登 | 癶
7획 | 登 | | | |

오를 **등**   丁 癶 癶 癶 戏 登 登 登

登校(등교) 학생이 학교에 감.
登錄(등록) 일정한 자격 조건을 갖추기 위하여 단체나 학교 따
위에 문서를 올림.
登山(등산) 운동, 놀이, 탐험 따위의 목적으로 산에 오름.

| 洞 | 氵
6획 | 洞 | | | |

고을 **동**
꿰뚫을 **통**   ` 氵 氵 汩 洞 洞 洞

洞窟(동굴) 자연적으로 생긴 깊고 넓은 큰 굴.
洞里(동리) 지방 행정 구역의 최소 구획인 동(洞)과 이(里)를 아울러
이르는 말.
洞長(동장) 한 동네의 우두머리. 동사무소의 장.

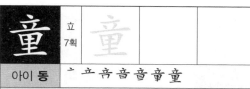

| 童 | 立
7획 | 童 | | | |

아이 **동**   一 立 咅 音 音 童 童

童心(동심) 어린아이의 마음.
童謠(동요) 어린이를 위하여 동심(童心)을 바탕으로 지은 노래.
童話(동화) 어린이를 위하여 동심(童心)을 바탕으로 지은 이야
기. 또는 그런 문예 작품.

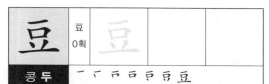

| 豆 | 豆
0획 | 豆 | | | |

콩 **두**   一 丆 丏 亓 亓 豆 豆

豆腐(두부) 콩으로 만든 식품의 하나. 물에 불린 콩을 갈아서
짜낸 콩 물을 끓인 다음 간수를 넣어 엉기게 하여 만듦.
豆乳(두유) 간 콩에 물을 붓고 끓여 만든 우유 같은 액체.
豆類(두류) 콩과 식물의 종류.

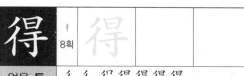

| 得 | 彳
8획 | 得 | | | |

얻을 **득**   ㇆ 彳 彳 彳 彳 得 得 得

得男(득남) 아들을 낳음.
得失(득실) 얻음과 잃음. 이익과 손해를 아울러 이르는 말. 성
공과 실패를 아울러 이르는 말.
得點(득점) 시험이나 경기 따위에서 점수를 얻음.

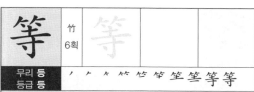

| 等 | 竹
6획 | 等 | | | |

무리 **등**
등급 **등**   丿 ㇇ ㅆ ㅆ 竺 竺 竿 笁 竿 等 等

等級(등급) 높고 낮음이나 좋고 나쁨 따위의 차이를 여러 층으
로 구분한 단계. 여러 층으로 구분한 단계를 세는 단위.
等式(등식) 수나 문자, 식을 등호를 써서 나타내는 관계식.
等差(등차) 등급에 따라 생기는 차이.

• 牽强附會(견강부회): 이치에 닿지 않는 말을 억지로 끌어다 붙임.

燈 火 12획

등잔 **등** `ㆍㅊㅊ燃燈燈燈燈燈`

燈臺(등대) 항로 표지의 하나. 나아가야 할 길을 밝혀 주는 사람이
나 사실을 비유적으로 이르는 말.
燈盞(등잔) 기름을 담아 등불을 켜는 데에 쓰는 그릇.
燈火(등화) 등불. 등잔불.

樂 木 11획

즐길 **락**, 풍류 **악**
좋아할 **요** `ㅣ自自絈樂樂樂樂`

樂園(낙원) 아무런 괴로움이나 고통이 없이 안락하게 살 수 있는 즐
거운 곳.
樂曲(악곡) 음악의 곡조. 곡조를 나타낸 부호.
樂水(요수) 물을 좋아함.

浪 氵 7획

물결 **랑**
허망할 **랑** `氵氵氵浿浿浪浪浪`

浪漫(낭만) 실현성이 적고 매우 정서적이며 이상적으로 사물을 파
악하는 심리 상태. 또는 그런 심리 상태로 인한 감미로운 분위기.
浪說(낭설) 터무니없는 헛소문.
風浪(풍랑) 바람과 물결. 혼란과 시련을 비유적으로 이르는 말.

來 人 6획

올 **래(내)** `ㄱㅼㅼ來來來`

來客(내객) 찾아온 손님.
來歷(내력) 지금까지 지내온 경로나 경력. 일정한 과정을 거치
면서 이루어진 까닭.
來日(내일) 오늘의 바로 다음 날. 다가올 앞날.

良 艮 1획

좋을 **량(양)** `ㅣㄱㄱㅋ良良良`

良將(양장) 재주와 꾀가 많은 훌륭한 장수.
良質(양질) 좋은 바탕이나 품질.
改良(개량) 나쁜 점을 보완하여 더 좋게 고침.

落 ++ 9획

떨어질 **락** `ㅏ�艹艹落落落落`

落款(낙관) 글씨나 그림 따위에 작가가 자신의 이름이나 호(號)
를 쓰고 도장을 찍는 일.
落膽(낙담) 일이 뜻대로 되지 않아 맥이 풀리는 것.
落照(낙조) 저녁에 지는 햇빛. 지는 해 주위로 퍼지는 붉은빛.

卵 卩 5획

알 **란(난)** `ㆍㄴㅌㅌ卵卵卵`

卵巢(난소) 여성 골반의 안의 양쪽 옆벽에 위치한 납작한 타원형 기관.
卵黃(난황) 알의 노른자위.
累卵(누란) 층층이 쌓아 놓은 알이란 뜻으로, 몹시 위태로운 형
편을 비유적으로 이르는 말.

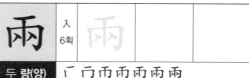

郎 阝 7획

남편 **랑**
사내 **랑** `ㄱㅋ自良良郎郎郎`

郎君(낭군) 예전에 젊은 여자가 자기 남편이나 연인을 부르던 말.
新郎(신랑) 갓 결혼하였거나 결혼하는 남자.
花郎(화랑) 신라 때 청소년의 민간 수양 단체. 문벌과 학식이 있고 외모가
단정한 사람으로 조직되었으며, 심신의 단련과 사회의 선도를 이념으로 함.

冷 冫 5획

찰 **랭(냉)** `ㆍㆍㆍ冫冷冷冷`

冷氣(냉기) 찬 기운. 찬 공기. 딱딱하거나 차가운 분위기를 비유적으로 이르는 말
冷却(냉각) 식어서 차게 됨. 또는 식혀서 차게 함.
冷徹(냉철) 생각이나 판단 따위가 감정에 치우치지 않고 침착하
며 사리에 밝음.

兩 入 6획

두 **량(양)** `ㅣㄱ雨兩兩兩兩兩`

兩極(양극) 양극과 음극. 북극과 남극.
兩棲(양서) 물속이나 땅 위의 양쪽에서 다 삶.
兩班(양반) 고려·조선 시대에 지배층을 이루던 신분. 점잖고
예의 바른 사람. 자기 남편을 남에게 이르는 말.

堅忍不拔(견인불발): 굳게 참고 버텨 마음이 흔들리지 않음. ●

涼	氵 8획	涼		

서늘할 **량** 　氵氵氵沪沪沪涼涼

涼天(양천) 서늘한 날씨.
涼秋(양추) 서늘한 가을. 음력 9월을 달리 이르는 말.
涼風(양풍) 서늘한 바람. 북풍 또는 서남풍.

量	里 5획	量		

헤아릴 **량(양)** 　口日旦昌昌量量量

量的(양적) 세거나 잴 수 있는 분량이나 수량과 관계된. 또는
그런 것.
分量(분량) 수효, 무게 따위의 많고 적음이나 부피의 크고 작은 정도.
數量(수량) 수효와 분량을 아울러 이르는 말.

旅	方 6획	旅		

나그네 **려(여)**
군사 **려** 　丶亠方方方旅旅旅

旅客(여객) 기차, 비행기, 배 따위로 여행하는 사람.
旅券(여권) 외국을 여행하는 사람의 신분이나 국적을 증명하고 상대
국에 그 보호를 의뢰하는 문서.
旅行(여행) 일이나 유람을 목적으로 다른 고장이나 외국에 가는 일.

力	力 0획	力		

힘 **력(역)** 　フ力

力道(역도) 역기를 들어 올려 그 중량을 겨루는 경기. 체급 경
기로 용상(聳上), 인상(引上) 두 종목이 있음.
力量(역량) 어떤 일을 해낼 수 있는 힘.
力投(역투) 야구에서, 투수가 공을 힘껏 던지는 일.

歷	止 12획	歷		

다닐 **력(역)**
지낼 **력** 　一厂厂厂厈厈厤厤歷歷歷

歷官(역관) 여러 관직을 두루 거침.
歷史(역사) 인류 사회의 변천과 흥망의 과정. 또는 그 기록.
經歷(경력) 여러 가지 일을 겪어 지내 옴.

連	辶 7획	連		

잇닿을 **련**
짝지을 **련** 　一厂百亘車連連

連結(연결) 서로 이어 맺음. 잇대어 결합시킴.
連貫(연관) 활이 잇따라 과녁의 복판에 맞는 일.
連帶(연대) 여럿이 함께 무슨 일을 하거나 함께 책임을 짐. 한
덩어리로 서로 연결되어 있음.

練	糸 9획	練		

익힐 **련(연)** 　ㄥ 丝 糸 紣 紣 絤 絤 練

練磨(연마) 학문이나 기술 따위를 힘써 배우고 닦음.
練習(연습) 학문이나 기예 따위를 익숙하도록 되풀이하여 익힘.
試練(시련) 겪기 어려운 단련이나 고비.

列	刂 4획	列		

벌일 **렬(열)** 　一丁歹歹列列

列强(열강) 여러 강한 나라. 이들은 국제 문제에 있어서 큰 역할을 담당함.
列擧(열거) 여러 가지 예나 사실을 죽 늘어놓음.
行列(행렬) 여럿이 줄지어 감. 또는 그런 줄. 여러 숫자나 문자
를 정사각형 또는 직사각형으로 배열한 것.

烈	灬 6획	烈		

절개굳을 **렬(열)**
매울 **렬**, 세찰 **렬** 　一丁歹歹列列烈

烈女(열녀) 절개가 굳은 여자.
烈士(열사) 나라를 위하여 절의를 굳게 지키며 충성을 다하여
싸운 사람.
激烈(격렬) 말이나 행동이 세차고 사나움.

令	人 3획	令		

우두머리 **령(영)**
하여금 **령** 　ノ人人今令

令達(영달) 명령을 전달함. 또는 명령을 전달하여 알림.
令妹(영매) 남의 손아래 누이를 높여 이르는 말. =妹氏(매씨)
命令(명령) 윗사람이나 상위 조직이 아랫사람이나 하위 조직에
무엇을 하게 함. 또는 그런 내용.

• 結草報恩(결초보은): '풀을 묶어 은혜에 보답함'이라는 의미로 죽어서까지라도 은혜를 잊지 않고 갚음.

領	頁 5획	領			
거느릴 **령(영)** 옷깃 **령**		ノ ゝ 今 今 領 領 領			

領空(영공) 영토와 영해 위의 하늘로서, 그 나라의 주권이 미치는 범위.
領收(영수) 돈이나 물품 따위를 받아들임.
占領(점령) 교전국의 군대가 적국의 영토에 들어가 그 지역을 군사적 지배하에 둠.

例	亻 6획	例			
법식 **례(예)**		亻 亻 亻 例 例 例 例			

例擧(예거) 보기를 들어 보임.
例題(예제) 내용의 이해를 돕기 위하여 보기로 내는 연습 문제.
例證(예증) 어떤 사실에 대하여 실례를 들어 증명함.

禮	示 13획	禮			
예도 **례(예)**		二 亓 利 利 神 神 禮 禮 禮			

禮式(예식) 예법에 따라 치르는 의식.
禮遇(예우) 예의를 지키어 정중하게 대우함.
禮義(예의) 사람이 지켜야 할 예절과 의리.

老	老 0획	老			
늙은이 **로(노)**		一 十 土 少 老 老			

老客(노객) 늙은 손님. 늙은 사람을 낮잡아 이르는 말.
老衰(노쇠) 늙어서 쇠약하고 기운이 별로 없음.
老人(노인) 나이가 들어 늙은 사람.

勞	力 10획	勞			
수고로울 **로(노)**		` ´ 灬 灬 労 労 勞			

勞苦(노고) 힘들여 수고하고 애씀.
勞動(노동) 몸을 움직여 일을 함.
勞賃(노임) '노동 임금'을 줄여 이르는 말.

路	足 6획	路			
길 **로(노)**		口 문 무 趵 趵 路 路			

路線(노선) 자동차 선로, 철도 선로 따위와 같이 일정한 두 지점을 정기적으로 오가는 교통선.
路邊(노변) 길의 양쪽 가장자리. =길가
路程(노정) 목적지까지의 거리.

露	雨 12획	露			
드러날 **로(노)** 이슬 **로**		一 亠 币 雫 雫 雫 霞 露 露			

露骨(노골) 숨김없이 모두 있는 그대로 드러냄. 전사(戰死)하여 뼈를 싸움터에 드러냄.
露宿(노숙) 한데에서 자는 잠.
露出(노출) 겉으로 드러나거나 드러냄.

綠	糸 8획	綠			
초록빛 **록(녹)**		幺 糸 糽 糽 絆 絆 綠 綠			

綠色(녹색) 초록색. 파랑과 노랑의 중간색.
綠陰(녹음) 푸른 잎이 우거진 나무나 수풀. 또는 그 나무의 그늘.
綠茶(녹차) 푸른빛이 그대로 나도록 말린 부드러운 찻잎. 또는 그 찻잎을 우린 물.

論	言 8획	論			
논의할 **론(논)**		亠 言 言 診 論 論 論			

論據(논거) 어떤 이론이나 논리, 논설 따위의 근거.
論駁(논박) 어떤 주장이나 의견에 대하여 그 잘못된 점을 조리 있게 공격하여 말함.
論述(논술) 어떤 것에 관하여 의견을 논리적으로 서술함.

料	斗 6획	料			
감 **료(요)** 헤아릴 **료**		` ´ ´ 半 米 米 料 料			

料金(요금) 남의 힘을 빌리거나 사물을 사용·소비·관람한 대가로 치르는 돈.
料量(요량) 앞일을 잘 헤아려 생각함.
料理(요리) 여러 조리 과정을 거쳐 음식을 만듦.

輕擧妄動(경거망동): 깊이 생각해 보지 않고 경솔하게 함부로 행동함, 또는 그런 행동. •

柳	木 5획	柳		

버들 **류(유)**　十 才 才 村 柳 柳 柳

柳京(유경) '평양'의 다른 이름.
柳器(유기) 긴 쇠붙이나 줄, 끈 따위를 구부리고 양 끝을 맞붙여
둥글거나 모나게 만든 물건(物件).
細柳(세류) 가지가 가는 버드나무. =세버들

留	田 5획	留		

머무를 **류(유)**　丶 匚 쥐 땁 留 留 留

留客(유객) 손님을 머무르게 함.
留念(유념) 잊거나 소홀히 하지 않도록 마음속에 깊이 간직하여 생각함.
留保(유보) 일정한 권리나 의무 따위를 뒷날로 미루어 두거나
보존하는 일. =보류

流	氵 6획	流		

흐를 **류(유)**　氵 浐 浐 浐 浐 流 流

流出(유출) 밖으로 흘러 나가거나 흘려 내보냄.
流通(유통) 공기 따위가 막힘이 없이 흘러 통함.
流行(유행) 특정한 행동 양식이나 사상 따위가 일시적으로 많은 사람
의 추종을 받아서 널리 퍼짐.

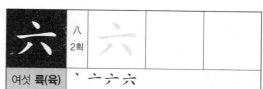

六	八 2획	六		

여섯 **륙(육)**　丶 亠 六 六

六書(육서) 한자의 구조 및 사용에 관한 여섯 가지의 명칭. 상형(象形),
지사(指事), 회의(會意), 형성(形聲), 전주(轉注), 가차(假借)를 이름.
六十(육십) 십의 여섯 배가 되는 수.
六堂(육당) '최남선'의 호.

陸	阝 8획	陸		

뭍 **륙(육)**　丆 孑 阝 阝 阹 陸 陸 陸

陸橋(육교) 번잡한 도로나 철로 위를 사람들이 안전하게 횡단할
수 있도록 공중에 건너질러 놓은 다리.
陸上(육상) 뭍 위.
陸海(육해) 육지와 바다를 아울러 이르는 말.

倫	亻 8획	倫		

인륜 **륜(윤)**　亻 伀 伶 伶 倫 倫 倫

倫理(윤리) 사람으로서 마땅히 행하거나 지켜야 할 도리.
五倫(오륜) 유학에서 사람이 지켜야 할 다섯 가지 도리. 부자유
친, 군신유의, 부부유별, 장유유서, 붕우유신을 이름.
悖倫(패륜) 인간의 도리에 어긋남.

律	彳 6획	律		

음률 **률**, 법률　彳 彳 彳 律 律 律 律

律動(율동) 일정한 규칙을 따라 주기적으로 움직임.
律法(율법) 종교적·사회적·도덕적 생활과 행동에 관하여 신
(神)의 이름으로 규정한 규범. =법률
規律(규율) 행동의 준칙이 되는 본보기.

里	里 0획	里		

마을 **리**　丿 口 曰 曰 甲 里

里長(이장) 행정 구역의 단위인 '이(里)'의 사무를 맡아보는 사람.
里程(이정) 어떤 곳으로부터 다른 곳까지 이르는 거리의 이수(里數).
鄕里(향리) 고향. 향촌.

理	王 7획	理		

다스릴 **리(이)**　二 王 玑 玾 玾 理 理

理想(이상) 생각할 수 있는 범위 안에서 가장 완전하다고 여겨
지는 상태.
理由(이유) 어떠한 결론이나 결과에 이른 까닭이나 근거.
理解(이해) 사리를 분별하여 해석함.

利	刂 5획	利		

이로울 **리(이)**
날카로울 **리**　丿 二 千 禾 禾 利 利

利權(이권) 이익을 얻을 수 있는 권리.
利潤(이윤) 장사 따위를 하여 남은 돈. 기업의 총수입에서 임
대, 지대, 이자, 감가상각비 따위를 빼고 남는 순이익.
利用(이용) 대상을 필요에 따라 이롭게 씀.

• 股肱之臣(고굉지신): 임금이 가장 믿고 중히 여기는 신하.

林 木 4획 林

수풀 **림(임)** 一 十 オ 木 木 村 材 林

林野(임야) 숲과 들을 아울러 이르는 말.
林業(임업) 각종 임산물에서 얻는 경제적 이윤을 위하여 삼림을 경영하는 사업.
林海(임해) 넓은 지역에 걸쳐 우거져 있어서 바다처럼 보이는 큰 숲.

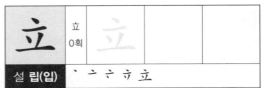

立 立 0획 立

설 **립(입)** 、 二 ㄶ 立 立

立脚(입각) 어떤 사실이나 주장 따위에 근거를 두어 그 입장에 섬.
立件(입건) 피의자의 범죄 혐의 사실이 인정되어 사건이 성립하는 일.
立春(입춘) 이십사절기의 하나. 대한과 우수 사이에 들며, 이 때부터 봄이 시작됨.

馬 馬 0획 馬

말 **마** 丨 ㄥ � 馬 馬

馬具(마구) 말을 타거나 부리는 데 쓰는 기구.
馬車(마차) 말이 끄는 수레.
馬牌(마패) 벼슬아치가 공무로 지방에 나갈 때 역마를 징발하는 증표로 쓰던 둥근 구리 패.

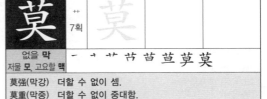

莫 ++ 7획 莫

없을 **막**
저물 **모** 고요할 **맥** 一 十 艹 艹 莒 莒 莫 莫

莫强(막강) 더할 수 없이 셈.
莫重(막중) 더할 수 없이 중대함.
莫逆(막역) 허물이 없이 아주 친함.

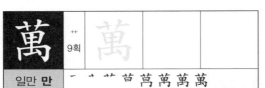

萬 ++ 9획 萬

일만 **만** 一 十 艹 艹 苗 萬 萬 萬 萬

萬感(만감) 솟아오르는 온갖 느낌.
萬物(만물) 세상에 있는 모든 것.
萬歲(만세) 바람이나 경축, 환호 따위를 나타내기 위하여 두 손을 높이 들면서 외치는 소리.

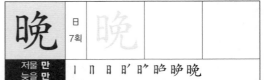

晚 日 7획 晚

저물 **만**
늦을 **만** 丨 冂 日 日' 昀 晗 晗 晚

晚餐(만찬) 저녁 식사로 먹기 위하여 차린 음식.
晚秋(만추) 늦가을.
晚婚(만혼) 나이가 들어 늦게 결혼함. 또는 그런 결혼.

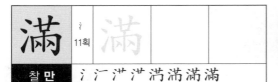

滿 氵 11획 滿

찰 **만** 氵 氵 汁 泣 泣 滿 滿 滿

滿期(만기) 미리 정한 기한이 다 참. 또는 그 기한.
滿潮(만조) 밀물이 가장 높은 해면까지 꽉 차게 들어오는 현상. 또는 그런 때.
滿了(만료) 기한이 다 차서 끝남.

末 木 1획 末

가루 **말**
끝 **말** 一 二 寸 才 末

末端(말단) 조직에서 제일 아랫자리에 해당하는 부분.
末尾(말미) 어떤 사물의 맨 끄트머리.
末席(말석) 좌석의 차례에서 맨 끝 자리. 사회적 지위나 직장의 직위 따위에서 제일 낮은 자리.

亡 ㅗ 1획 亡

도망할 **망**
망할 **망** 、 二 亡

亡國(망국) 이미 망하여 없어진 나라. 나라를 망침.
亡命(망명) 혁명 또는 그 밖의 정치적인 탄압을 피하여 외국으로 몸을 옮김.
亡身(망신) 자기의 지위, 명예, 체면 따위를 손상함.

忙 忄 3획 忙

바쁠 **망** 丶 丷 忄 忙 忙

忙月(망월) 농사일로 바쁜 달.
忙中(망중) 바쁜 가운데.
慌忙(황망) 마음이 몹시 급하여 당황하고 허둥지둥하는 면이 있음.

膏粱珍味(고량진미): 맛있는 음식. ●

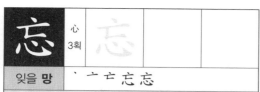

忘	心 3획	忘		

잊을 망 ﹅ 亠 亡 芒 忘 忘

忘却(망각) 어떤 사실을 잊어버림.
忘年(망년) 그해의 온갖 괴로움을 잊음. 나이의 차이를 잊음.
忘恩(망은) 은혜를 모르거나 잊음.

望	月 7획	望		

바랄 망 亠 亠 立 亡 切 芀 坣 望 望

望哭(망곡) 먼 곳에서 임금이나 어버이의 상사를 당했을 때에, 곡을 할 장소에 몸소 가지 못하고 그쪽을 향하여 슬피 욺.
望樓(망루) 동정을 살피기 위하여 높이 지은 다락집.
望鄕(망향) 고향을 그리워하며 생각함.

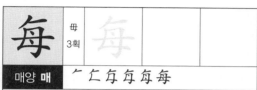

每	毋 3획	每		

매양 매 厂 仁 仁 与 每 每 每

每番(매번) 각각의 차례.
每日(매일) 각각의 개별적인 나날.
每週(매주) 각각의 주마다.

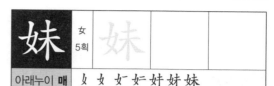

妹	女 5획	妹		

아래누이 매 乄 乄 女 女 奸 妹 妹

妹夫(매부) 손위 누이나 손아래 누이의 남편을 이르거나 부르는 말. 친정 언니의 남편을 이르는 말.
妹兄(매형) 손위 누이의 남편을 이르거나 부르는 말.
男妹(남매) 오빠와 누이를 아울러 이르는 말.

買	貝 5획	買		

살 매 丶 罒 罒 罗 胃 胃 買

買受(매수) 물건을 사서 넘겨받음.
買入(매입) 물건 따위를 사들임.
買集(매집) 물건을 사서 모음.

賣	貝 8획	賣		

팔 매 一 士 志 志 志 壶 壺 賣

賣買(매매) 물건을 팔고 사는 일.
賣却(매각) 물건을 팔아 버림.
賣價(매가) 물건을 파는 값.

麥	麥 0획	麥		

보리 맥 一 厶 币 夾 來 麥 麥

麥粉(맥분) 밀가루.
麥芽(맥아) 엿기름.
麥酒(맥주) 알코올성 음료의 하나. 엿기름가루를 물과 함께 가열하여 당화한 후, 홉(hop)을 넣어 향(香)과 쓴맛이 나게 한 뒤 발효하여 만듦.

免	儿 5획	免		

내칠 면 **면할 면** 丿 冂 夕 免 免 免 免

免稅(면세) 세금을 면제함.
免疫(면역) 반복되는 자극 따위에 반응하지 않고 무감각해지는 상태를 비유적으로 이르는 말.
免除(면제) 책임이나 의무 따위를 면하여 줌.

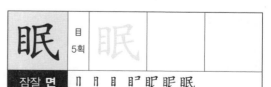

面	面 0획	面		

면 면, 낯 면 一 丆 而 而 面 面

面長(면장) 면(面)의 행정을 맡아보는 으뜸 직위에 있는 사람. 또는 그 직위.
面積(면적) 면이 이차원의 공간을 차지하는 넓이의 크기.
面接(면접) 서로 대면하여 만나 봄.

眠	目 5획	眠		

잠잘 면 丨 冂 月 目 肝 眠 眠 眠

眠食(면식) 잠자는 일과 먹는 일. =침식
熟眠(숙면) 잠이 깊이 듦. 또는 그 잠.
永眠(영면) 영원히 잠든다는 뜻으로, 사람의 죽음을 이르는 말.

● 鼓腹擊壤(고복격양): '배를 두드리고 땅을 치며 기뻐한다'의 의미로 백성이 천하의 태평을 즐김을 말함.

勉	力 7획			
힘쓸 **면**	\' \' \' \' \' \' \' 免 免 勉			

勉强(면강) 억지로 하거나 시킴.
勉勵(면려) 스스로 애써 노력하거나 힘씀. 남을 고무하여 힘쓰게 함.
勉學(면학) 학문에 힘씀.

名	口 3획	名		
이름 **명**	\' \' \' \' \' 名 名			

名分(명분) 각각의 이름이나 신분에 따라 마땅히 지켜야 할 도리. 일을 꾀할 때 내세우는 구실이나 이유 따위.
名譽(명예) 세상에서 훌륭하다고 인정되는 이름이나 자랑.
名稱(명칭) 사람이나 사물 따위를 부르는 이름.

命	口 5획	命		
목숨 **명** 분부 **명**	人 人 人 人 合 合 命 命			

命令(명령) 윗사람이나 상위 조직이 아랫사람이나 하위 조직에 무엇을 하게 함. 또는 그런 내용.
命運(명운) 운명.
命題(명제) 시문 따위의 글에 제목을 정함.

明	日 4획	明		
밝을 **명**	\' \' 日 日 旷 明 明 明			

明白(명백) 의심할 바 없이 아주 뚜렷함.
明示(명시) 분명하게 드러내 보임.
明確(명확) 명백하고 확실함.

鳴	鳥 3획	鳴		
울 **명**	\' 口 叩 叩 咱 鳴 鳴			

鳴鼓(명고) 북을 쳐 울림.
鳴琴(명금) 거문고를 탐.
鳴沙(명사) 밟거나 진동을 주면 독특한 소리를 내는 모래.

毛	毛 0획	毛		
털 **모**	\' \' \' 毛			

毛孔(모공) 털이 나는 작은 구멍. =털구멍
毛織(모직) 털실로 짠 피륙.
毛皮(모피) 털이 그대로 붙어 있는 짐승의 가죽. =털가죽

母	母 1획	母		
어미 **모**	\' 刀 刃 母 母			

母國(모국) 자기가 태어난 나라.
母校(모교) 자기가 다니거나 졸업한 학교.
母性(모성) 여성이 어머니로서 가지는 정신적·육체적 성질. 또는 그런 본능.

暮	日 11획	暮		
저물 **모**	\' \' \' 艹 艹 昔 莒 莫 莫 幕 暮			

暮年(모년) 만년. 늘그막.
暮色(모색) 날이 저물어 가는 어스레한 빛.
暮靄(모애) 저녁 안개.

木	木 0획	木		
나무 **목**	\' 十 才 木			

木材(목재) 건축이나 가구 따위에 쓰는, 나무로 된 재료.
木草(목초) 풀과 나무를 아울러 이르는 말. =초목
木版(목판) 나무에 글이나 그림 따위를 새긴 인쇄용 판(版).

目	目 0획	目		
눈 **목**	\' 丨 冂 円 月 目			

目擊(목격) 눈으로 직접 봄.
目禮(목례) 눈짓으로 가볍게 하는 인사. =눈인사
目標(목표) 어떤 목적을 이루려고 지향하는 실제적 대상으로 삼음. 또는 그 대상.

姑息之計(고식지계): 당장에 편한 것만 취하는 계책, 일시적인 미봉책.

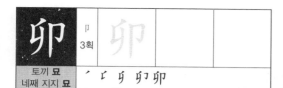

卯	卩 3획	卯		
토끼 묘 **네째 지지 묘**		`ノ ⺈ ㄇ 卯 卯`		

卯生(묘생) 묘년에 태어난 사람을 이르는 말.
卯時(묘시) 십이시(十二時)의 넷째 시. 오전 다섯 시에서 일곱 시까지.
卯日(묘일) 지지(地支)가 묘(卯)로 된 날.

妙	女 4획	妙		
묘할 묘 **젊을 묘**		`く 女 女 女 妙 妙 妙`		

妙齡(묘령) 스무 살 안팎의 여자 나이.
妙策(묘책) 매우 교묘한 꾀.
微妙(미묘) 뚜렷하지 않고 야릇하고 묘함.

戊	戈 1획	戊		
천간 무		`ノ 厂 厂 戊 戊`		

戊戌(무술) 육십갑자의 서른다섯째
戊夜(무야) 오경, 곧 오전(午前) 3시에서 5시 사이의 동안.
戊辰(무진) 육십갑자의 다섯째.

茂	⺾ 5획	茂		
무성할 무		`一 ⺾ ⺾ 芦 芡 茂 茂`		

茂林(무림) 나무가 울창하게 우거진 숲.
茂盛(무성) 풀이나 나무 따위가 자라서 우거져 있음.
茂蔭(무음) 우거진 나무의 짙은 그늘.

武	止 4획	武		
호반 무 **굳셀 무**		`一 二 干 子 正 武 武`		

武器(무기) 전쟁이나 싸움에 사용되는 기구를 통틀어 이르는 말. 어떤 일을 하거나 이루기 위한 중요한 수단이나 도구를 비유적으로 이르는 말.
武力(무력) 군사상의 힘. 때리거나 부수는 따위의 육체를 사용하는 힘.
武裝(무장) 전투에 필요한 장비를 갖춤. 또는 그 장비.

務	力 9획	務		
힘쓸 무, 일 무		`ㄱ ㄹ 予 矛 敄 務 務`		

務實(무실) 참되고 실속 있도록 힘씀.
公務(공무) 국가나 공공 단체의 일.
勞務(노무) 임금을 받으려고 육체적 노력을 들여서 하는 일. 노동에 관련된 사무.

無	⺣ 8획	無		
없을 무		`ノ 二 無 無 無 無`		

無缺(무결) 결함이나 흠이 없음.
無垢(무구) 때가 묻지 않고 맑고 깨끗함.
無視(무시) 사물의 존재 의의나 가치를 알아주지 아니함. 사람을 깔보거나 업신여김.

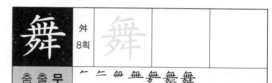

舞	舛 8획	舞		
춤 출 무		`ノ 二 無 無 舞 舞 舞`		

舞臺(무대) 노래, 춤, 연극 따위를 하기 위하여 객석 정면에 만들어 놓은 단.
舞童(무동) 궁중의 잔치 때 춤을 추고 노래를 부르던 아이.
舞踊(무용) 음악에 맞추어 율동적인 동작으로 감정과 의지를 표현함. 또는 그런 예술.

墨	土 12획	墨		
먹 묵		`丿 冂 口 田 甲 里 黑 墨 墨`		

墨家(묵가) 중국 춘추 전국 시대 때 노나라의 묵자(墨子)의 사상을 받들고 실천하던 제자백가의 한 파.
墨香(묵향) 향기로운 먹 냄새.
墨畫(묵화) 먹으로 짙고 엷음을 이용하여 그린 그림. = 수묵화

文	文 0획	文		
글월 문		`丶 一 ナ 文`		

文明(문명) 인류가 이룩한 물질적, 기술적, 사회 구조적인 발전.
文書(문서) 글이나 기호 따위로 일정한 의사나 관념 또는 사상을 나타낸 것.
文字(문자) 한자로 된 숙어나 성구(成句) 또는 문장.

• 孤掌難鳴(고장난명): '외손뼉은 울리지 못한다' 는 말로 혼자 고립해서는 일을 하지 못한다는 뜻.

門	門 0획	門		
문 門 집안 **문**	┃ ┣ ┣ ┣ 門門門			

門徒(문도) 이름난 학자 밑에서 배우는 제자. 스승의 가르침을 받는 사람.
門閥(문벌) 대대로 내려오는 그 집안의 사회적 신분이나 지위.
門中(문중) 성과 본이 같은 가까운 집안.

問	口 8획	問		
물을 **문**	┃ ┣ ┣ ┣ 門門問問			

問答(문답) 물음과 대답. 또는 서로 묻고 대답함.
問題(문제) 해답을 요구하는 물음. 논쟁, 논의, 연구 따위의 대상이 되는 것.
問責(문책) 잘못을 캐묻고 꾸짖음.

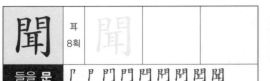

聞	耳 8획	聞		
들을 **문**	┣ ┣ 門門門閂聞聞聞			

聞達(문달) 이름이 세상에 널리 알려짐.
聞知(문지) 들어서 앎.
百聞(백문) 여러 번 들음.

勿	勹 2획	勿		
말 **물**	ノ 勹 勺 勿			

勿念(물념) 생각하지 않음.
勿論(물론) 말할 것도 없음. 말할 것도 없이.
勿入(물입) 들어가거나 들어오지 말라는 뜻으로 쓰는 말.

物	牛 4획	物		
물건 **물** 만물 **물**	ノ ㅑ ㅑ 牜 牜 物物物			

物價(물가) 물건의 값. 여러 가지 상품이나 서비스의 가치를 종합적이고 평균적으로 본 개념.
物件(물건) 일정한 형체를 갖춘 모든 물질적 대상.
物體(물체) 구체적인 형태를 가지고 있는 것. 물건의 형체.

未	木 1획	未		
아닐 **미** 지지 **미**	一 二 キ 未 未			

未開(미개) 아직 꽃이 피지 않음. 사회가 발전되지 않고 문화 수준이 낮은 상태.
未納(미납) 내야 할 것을 아직 내지 않았거나 내지 못함.
未洽(미흡) 아직 흡족하지 못하거나 만족스럽지 않음.

米	米 0획	米		
쌀 **미**	丶 丷 二 半 米 米			

米價(미가) 쌀을 팔고 사는 값. =쌀값
米穀(미곡) 쌀을 비롯한 갖가지 곡식.
米飮(미음) 입쌀이나 좁쌀에 물을 충분히 붓고 푹 끓여 체에 걸러 낸 걸쭉한 음식.

尾	尸 4획	尾		
꼬리 **미**	┐ ㄱ 尸 尸 尸 屋 尾			

尾燈(미등) 자동차나 열차 따위의 뒤에 붙은 등.
眉毛(미모) 두 눈두덩 위나 눈시울에 가로로 모여 난 짧은 털. =눈썹
尾行(미행) 다른 사람의 행동을 감시하거나 증거를 잡기 위하여 그 사람 몰래 뒤를 밟음.

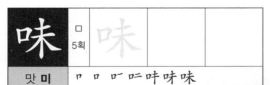

味	口 5획	味		
맛 **미**	口 口 口 叶 맛 味 味			

味覺(미각) 맛을 느끼는 감각. 단맛, 짠맛, 신맛, 쓴맛의 네 가지 기본 미각이 있음.
甘味(감미) 단맛.
珍味(진미) 음식의 아주 좋은 맛.

美	羊 3획	美		
아름다울 **미**	丷 丷 二 羊 羊 美 美			

美感(미감) 아름다움에 대한 느낌. 또는 아름다운 느낌.
美觀(미관) 아름답고 훌륭한 풍경.
美術(미술) 공간 및 시각의 미를 표현하는 예술. 그림·조각·건축·공예·서예 따위로, 공간 예술·조형 예술 등으로 불림.

骨肉相殘(골육상잔): 같은 민족끼리 해치며 싸우는 일.

民	氏 1획	民			
백성 민		⁻ ⁻ 尸 戶 民			

民國(민국) 민주 정치를 시행하는 나라.
民心(민심) 백성의 마음.
民族(민족) 일정한 지역에서 오랜 세월 동안 공동생활을 하면서 언어와 문화상의 공통성에 기초하여 역사적으로 형성된 사회 집단.

密	宀 8획	密			
빽빽할 밀 비밀할 밀		宀 宀 宀 宓 宓 宓 宓 密 密			

密度(밀도) 빽빽이 들어선 정도. 내용이 얼마나 충실한가의 정도.
密林(밀림) 큰 나무들이 빽빽하게 들어선 깊은 숲.
密着(밀착) 빈틈없이 단단히 붙음. 서로의 관계가 매우 가깝게 됨.

反	又 2획	反			
돌이킬 반		⁻ 厂 反 反			

反對(반대) 두 사물이 맞서 있는 상태. 무엇에 맞서서 거스름.
反駁(반박) 어떤 의견, 주장, 논설 따위에 반대하여 말함.
反省(반성) 자신의 언행에 대하여 잘못이나 부족함이 없는지 돌이켜 봄.

半	十 3획	半			
반 반		⁼ ⁼ ⁼ ⁼ 半			

半減(반감) 절반으로 줆. 또는 절반으로 줄임.
半島(반도) 삼면이 바다로 둘러싸이고 한 면은 육지에 이어진 땅.
半熟(반숙) 달걀이나 음식 따위에 열을 가하여 반쯤 익힘.

飯	食 4획	飯			
밥 반		ⁱ ⁱ ⁱ ⁱ 倉 食 食 飯 飯 飯			

飯果(반과) 식후에 먹는 과일.
飯酒(반주) 밥을 먹을 때에 곁들여서 한두 잔 마시는 술.
飯饌(반찬) 밥에 곁들여 먹는 음식을 통틀어 이르는 말.

發	癶 7획	發			
필 발 떠날 발		⁻ ⁺ ⁺ ⁺ 癶 癶 癶 發 發 發			

發掘(발굴) 땅속 등에 묻혀 있는 것을 찾아서 파냄. 세상에 널리 알려지지 않거나 뛰어난 것을 찾아 밝혀냄.
發端(발단) 어떤 일이 처음으로 벌어짐.
發展(발전) 더 낫고 좋은 상태나 더 높은 단계로 나아감.

方	方 0획	方			
방위 방 모 방		⁼ ⁼ ⁼ 方			

方法(방법) 어떤 일을 해 나가거나 목적을 이루기 위하여 취하는 수단이나 방식.
方針(방침) 앞으로 일을 치러 나갈 방향과 계획.
方向(방향) 어떤 뜻이나 현상이 일정한 목표를 향하여 나아가는 쪽.

防	阝 4획	防			
막을 방		⁼ ⁼ 阝 阝 阝 防 防			

防禦(방어) 상대편의 공격을 막음.
防疫(방역) 전염병이 발생하거나 유행하는 것을 미리 막는 일.
防衛(방위) 적의 공격이나 침략을 막아서 지킴.

放	攵 4획	放			
놓을 방		⁼ ⁼ 方 放 放 放 放			

放送(방송) 라디오나 텔레비전을 통하여 널리 듣고 볼 수 있도록 음성이나 영상을 전파로 내보내는 일.
放心(방심) 마음을 다잡지 아니하고 풀어 놓아 버림.
放縱(방종) 제멋대로 행동하여 거리낌이 없음.

房	戶 4획	房			
방 방		⁼ ⁼ 戶 戶 戶 房 房			

房門(방문) 방으로 드나드는 문.
冷房(냉방) 실내의 온도를 낮춰 차게 하는 일. 불을 피우지 않아 차게 된 방.
獨房(독방) 혼자서 쓰는 방.

• 誇大妄想(과대망상): 자기의 능력 · 용모 · 지위 등을 과대하게 평가하여 사실인 것처럼 믿는 일.

訪 	言 4획					
찾을 **방**	亠 亠 言 言 言 訪 訪					

訪問(방문) 어떤 사람이나 장소를 찾아가서 만나거나 봄.
訪韓(방한) 한국을 방문함.
答訪(답방) 다른 사람의 방문에 대한 답례로 방문함.

杯 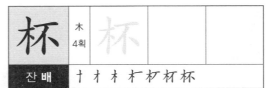	木 4획					
잔 **배**	一 十 オ 木 杧 杯 杯					

杯酒(배주) 잔에 따른 술.
聖杯(성배) 신성한 술잔. 예수가 최후의 만찬에 쓴 술잔.
祝杯(축배) 축하하는 뜻으로 마시는 술. 또는 그런 술잔.

拜 	手 5획					
절 **배**	三 手 尹 尹 尹 拜 拜					

拜金(배금) 돈을 최고의 가치로 여기고 숭배함.
拜席(배석) 의식(儀式)에서, 절을 하는 곳에 까는 자리.
拜謁(배알) 지위가 높거나 존경하는 사람을 찾아가 뵘.

白	白 0획					
흰 **백**	丿 亻 白 白 白					

白髮(백발) 하얗게 센 머리털.
白雪(백설) 하얀 눈.
獨白(독백) 혼자서 중얼거림. 배우가 상대역 없이 혼자 말하는 행위. 또는 그런 대사.

百	白 1획					
일백 **백**	一 丆 丆 百 百 百					

百穀(백곡) 온갖 곡식.
百萬(백만) 만의 백 배가 되는 수.
百歲(백세) 긴 세월.

番	田 7획					
차례 **번**	亠 亠 平 釆 番 番 番					

番地(번지) 땅을 일정한 기준에 따라 나누어서 매겨 놓은 번호. 또는 그 땅.
番號(번호) 차례를 나타내는 숫자.
當番(당번) 어떤 일을 책임지고 돌보는 차례가 됨.

伐 	亻 4획					
칠 **벌**, 벨 **벌**	丿 亻 仁 代 伐 伐					

伐木(벌목) 숲의 나무를 벰.
伐草(벌초) 무덤의 풀을 베어서 깨끗이 함.
征伐(정벌) 적 또는 죄 있는 무리를 무력으로써 침.

凡	几 1획					
무릇 **범** 범상할 **범**	丿 几 凡					

凡例(범례) 책머리에 내용이나 쓰는 방법 등에 관한 참고사항 따위를 말해 놓은 글. =일러두기.
凡常(범상) 중요하게 여길 만하지 아니하고 예사로움.
凡人(범인) 평범한 사람.

法 	氵 5획					
법 **법**	丶 氵 氵 汁 法 法 法					

法度(법도) 생활상의 예법과 제도, 법률과 제도를 아울러 이르는 말.
法律(법률) 국회의 의결을 거쳐 대통령이 서명하고 공포함으로써 성립하는 국법(國法).
法則(법칙) 반드시 지켜야만 하는 규범.

變	言 16획					
변할 **변**	言 言 絲 絲 絲 絲 戀 戀 變					

變更(변경) 다르게 바꾸어 새롭게 고침.
變動(변동) 바뀌어 달라짐.
變化(변화) 사물의 성질, 모양, 상태 따위가 바뀌어 달라짐.

寬仁大度(관인대도): 마음이 너그럽고 인자하며 도량이 넓음.

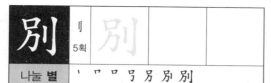

別 リ 5획 別

나눌 **별**　ㅣ ㅁ ㅁ 뭉 另 別 別

別居(별거) 부부나 한집안 식구가 따로 떨어져 삶.
別途(별도) 원래의 것에 덧붙여서 추가한 것. .
別莊(별장) 살림을 하는 집 외에 경치 좋은 곳에 따로 지어 놓고 때때로 묵으면서 쉬는 집.

丙 一 4획 丙

천간 **병**
남녘 **병**　一 丆 丙 丙 丙

丙科(병과) 조선 시대에 과거 합격자를 성적에 따라 나누던 세 등급 가운데 셋째 등급.
丙亂(병란) 병자호란.
丙午(병오) 육십갑자의 마흔셋째.

兵 八 5획 兵

군사 **병**　一 丆 斤 斤 丘 兵 兵

兵力(병력) 군대의 인원. 또는 그 숫자.
兵役(병역) 국민으로서 수행하여야 하는 국가에 대한 군사적 의무.
兵士(병사) 군사.

病 疒 5획 病

병 **병**　一 广 广 疒 病 病 病

病暇(병가) 병으로 말미암아 얻는 휴가.
病院(병원) 병자(病者)를 진찰, 치료하는 데에 필요한 설비를 갖추어 놓은 곳.
病弊(병폐) 병통과 폐단을 아울러 이르는 말.

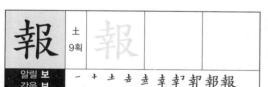

步 止 3획 步

걸음 **보**　ㅣ ㅏ ㅏ 냐 步 步 步

步道(보도) 보행자의 통행에 사용하도록 된 도로.
步哨(보초) 부대의 경계선이나 각종 출입문에서 경계와 감시의 임무를 맡은 병사.
步行(보행) 걸어 다님.

保 亻 7획 保

지킬 **보**　亻 亻 亻 俨 伊 伊 保

保健(보건) 건강을 온전하게 잘 지킴.
保溫(보온) 주위의 온도에 관계없이 일정한 온도를 유지함.
保護(보호) 위험이나 곤란 따위가 미치지 아니하도록 잘 보살펴 돌봄. 잘 지켜 원래대로 보존되게 함.

報 土 9획 報

알릴 **보**
갚을 **보**　一 十 土 吉 吉 幸 幸 封 郣 報

報告(보고) 일에 관한 내용이나 결과를 말이나 글로 알림.
報答(보답) 남의 호의나 은혜를 갚음.
報道(보도) 대중 전달 매체를 통하여 일반 사람들에게 새로운 소식을 알림. 또는 그 소식.

伏 亻 4획 伏

엎드릴 **복**　丿 亻 亻 什 伏 伏

伏兵(복병) 적을 기습하기 위하여 적이 지날 만한 길목에 군사를 숨김. 또는 그 군사.
伏線(복선) 만일의 경우에 대비하여 남모르게 미리 꾸며 놓은 일.
屈伏(굴복) 머리를 숙이고 꿇어 엎드림.

服 月 4획 服

옷 **복**
복종할 **복**　月 月 月 月 肝 服 服

服食(복식) 의복과 음식물을 아울러 이르는 말.
服裝(복장) 옷차림.
服從(복종) 남의 명령이나 의사를 그대로 따라서 좇음.

復 彳 9획 復

회복할 **복**
다시 **부**　ㄱ 彳 彳 彳 復 復 復 復

復舊(복구) 손실 이전의 상태로 회복함.
復讐(복수) 원수를 갚음.
復職(복직) 물러났던 관직이나 직업에 다시 종사함.

福	示 9획	福			
복 복	一 亍 示 和 祠 福 福				

福券(복권) 번호나 그림 따위의 특정 표시를 기입한 표(票).
福祉(복지) 행복한 삶.
萬福(만복) 온갖 복.

本	木 1획	本			
책 **본** 근본 **본**	一 十 才 木 本				

本來(본래) 사물이나 사실이 전하여 내려온 그 처음.
本人(본인) 어떤 일에 직접 관계가 있거나 해당되는 사람.
本質(본질) 본디부터 가지고 있는 사물 자체의 성질이나 모습.
사물이나 현상을 성립시키는 근본적인 성질.

奉	大 5획	奉			
받들 봉	一 三 声 夫 表 夫 奉				

奉讀(봉독) 남의 글을 받들어 읽음.
奉仕(봉사) 국가나 사회 또는 남을 위하여 자신을 돌보지 아니하고 힘을 바쳐 애씀.
奉養(봉양) 부모나 조부모와 같은 웃어른을 받들어 모심.

逢	辶 7획	逢			
만날 봉	夕 冬 冬 咅 拳 逢 逢				

逢變(봉변) 뜻밖의 변이나 망신스러운 일을 당함. 또는 그 변.
逢着(봉착) 어떤 처지나 상태에 부닥침.
相逢(상봉) 서로 만남.

夫	大 1획	夫			
남편 **부** 사내 **부**	一 二 丰 夫				

夫君(부군) 남의 남편을 높여 이르는 말.
夫婦(부부) 남편과 아내를 아울러 이르는 말.
夫人(부인) 남의 아내를 높여 이르는 말.

父	父 0획	父			
아비 부	丿 八 夕 父				

父母(부모) 아버지와 어머니를 아울러 이르는 말.
父女(부녀) 아버지와 딸을 아울러 이르는 말.
父子(부자) 아버지와 아들을 아울러 이르는 말.

否	口 4획	否			
아닐 **부** 막힐 **비**	一 ア 不 不 否				

否決(부결) 의논한 안건을 받아들이지 아니하기로 결정함. 또는 그런 결정.
否認(부인) 어떤 내용이나 사실을 옳거나 그러하다고 인정하지 아니함.
否定(부정) 그렇지 아니하다고 단정하거나 옳지 아니하다고 반대함.

扶	扌 4획	扶			
도울 부	一 十 扌 扌 扶 扶				

扶養(부양) 생활 능력이 없는 사람의 생활을 돌봄.
扶助(부조) 잔칫집이나 상가(喪家) 따위에 돈이나 물건을 보내어 도와줌. 또는 돈이나 물건.
扶持(부지) 상당히 어렵게 보존하거나 유지하여 나감.

浮	氵 7획	浮			
뜰 부	丶 氵 氵 浮 浮 浮 浮				

浮刻(부각) 어떤 사물을 특징지어 두드러지게 함.
浮上(부상) 물 위로 떠오름. 어떤 현상이 관심의 대상이 되거나 어떤 사람이 훨씬 좋은 위치로 올라섬.
浮揚(부양) 가라앉은 것이 떠오름. 또는 가라앉은 것을 떠오르게 함.

婦	女 8획	婦			
며느리 **부** 아내 **부**	女 女 女 婦 婦 婦 婦 婦				

婦德(부덕) 부녀자의 아름다운 덕행.
婦人(부인) 결혼한 여자.
姑婦(고부) 시어머니와 며느리를 아울러 이르는 말.

巧言令色(교언영색): 번지르르하게 발라맞추는 말과 알랑거리는 낯빛.

部	阝 8획	部	
나눌 **부** 거느릴 **부**		一 亠 亠 产 音 音 剖 部	

部隊(부대) 일정한 규모로 편성된 군대 조직.
部類(부류) 서로 구별되는 특성에 따라 갈린 종류.
部署(부서) 기관, 기업, 조직 따위에서 일이나 사업의 체계에 따라
나뉘어 있는, 사무의 각 부문.

富	宀 9획	富	
부유할 **부** 넉넉할 **부**		宀 宀 宁 宫 宫 富 富 富	

富强(부강) 부유하고 강함.
富者(부자) 재물이 많아 살림이 넉넉한 사람.
富豪(부호) 재산이 넉넉하고 세력이 있는 사람.

北	匕 3획	北	
북녘 **북**		丨 ㅓ 丬 ㅓ 北	

北極(북극) 지축의 북쪽 끝.
北緯(북위) 적도로부터 북극에 이르기까지의 위도.
北韓(북한) 남북으로 분단된 대한민국의 휴전선 북쪽 지역을 가리키
는 말.

分	刀 2획	分	
나눌 **분**		丿 八 今 分	

分揀(분간) 사물이나 사람의 옳고 그름, 좋고 나쁨 따위와 그 정
체를 구별하거나 가려서 앎.
分擔(분담) 나누어서 맡음.
分離(분리) 서로 나누어 떨어짐. 또는 그렇게 되게 함.不

不	一 3획	不	
아니 **불** 아닐 **부**		一 丆 不 不	

不斷(부단) 꾸준하게 잇대어 끊임이 없음. 결단력이 없음.
不潔(불결) 어떤 사물이나 장소가 깨끗하지 아니하고 더러움.
不朽(불후) 썩지 아니함이라는 뜻으로, 영원토록 변하거나 없어
지지 아니함을 비유적으로 이르는 말.

佛	亻 5획	佛	
부처 **불**		丿 亻 亻 仟 仸 佛 佛	

佛經(불경) 불교의 교리를 밝혀 놓은 전적(典籍)을 통틀어 이르는 말.
佛教(불교) 기원전 6세기경 인도의 석가모니가 창시한 후 동양
여러 나라에 전파된 종교.
佛堂(불당) 부처를 모신 집.

朋	月 4획	朋	
벗 **붕**		丿 刀 月 月 朋 朋 朋	

朋黨(붕당) 조선 시대에 이념과 이해에 따라 이루어진 사람의 집
단을 이르던 말.
朋友(붕우) 벗.
佳朋(가붕) 좋은 벗.

比	比 0획	比	
견줄 **비**		一 ㅂ ㅏ 比	

比較(비교) 둘 이상의 사물을 견주어 유사점, 차이점 등을 살피는 일.
比喩(비유) 어떤 현상이나 사물을 직접 설명하지 아니하고 다른
비슷한 현상이나 사물에 빗대어서 설명하는 일.
比率(비율) 다른 수나 양에 대한 어떤 수나 양의 비(比).

非	非 0획	非	
그를 **비**		丿 ㅓ ㅓ 刲 非 非 非	

非難(비난) 남의 잘못이나 결점을 책잡아서 나쁘게 말함.
非理(비리) 올바른 이치나 도리에서 어그러짐.
非常(비상) 뜻밖의 긴급한 사태. 또는 이에 대응하기 위하여 신
속히 내려지는 명령.

飛	飛 0획	飛	
날 **비**		乀 飞 飞 飞 飛 飛 飛	

飛上(비상) 높이 날아오름.
飛躍(비약) 나는 듯이 높이 뛰어오름. 지위나 수준이 갑자기 빠
른 속도로 높아지거나 향상됨.
飛行(비행) 공중으로 날아가거나 날아다님.

• 膠柱鼓瑟(교주고슬): 고지식하여 변통이나 융통성이 없음.

| 悲 | 心 8획 | 悲 | | | | |

슬플 비 丿丿刂刯非非悲悲

悲劇(비극) 인생의 슬프고 애달픈 일을 당하여 불행한 경우를 이르는 말.
悲鳴(비명) 일이 매우 위급하거나 몹시 두려움을 느낄 때 지르는 외마디 소리.
悲歌(비가) 슬프고 애잔한 노래.

| 備 | 亻 10획 | 備 | | | | |

갖출 비 亻亻亻伊伊倩備備

備考(비고) 참고하기 위하여 준비하여 놓음. 또는 그런 것.
備蓄(비축) 만약의 경우를 대비하여 미리 갖추어 모아 두거나 저축함.
備置(비치) 마련하여 갖추어 둠.

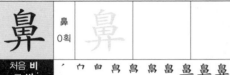

| 鼻 | 鼻 0획 | 鼻 | | | | |

처음 비 / 코 비 丿白白白鼻鼻鼻鼻鼻鼻

鼻腔(비강) 코안.
脾炎(비염) 콧속의 점막(粘膜)에 생기는 염증.
鼻音(비음) 코가 막힌 듯이 내는 소리.

| 貧 | 貝 4획 | 貧 | | | | |

가난할 빈 丿八分分贫贫貧

貧困(빈곤) 가난하여 살기가 어려움.
貧窮(빈궁) 가난하고 궁색함.
貧者(빈자) 가난한 사람.

| 氷 | 水 1획 | 氷 | | | | |

얼음 빙 丿丿冫氷氷

氷山(빙산) 빙하에서 떨어져 나와 호수나 바다에 흘러 다니는 얼음덩어리.
氷水(빙수) 얼음덩이를 잘게 갈아서 설탕, 향미료 따위를 넣은 음식.
氷河(빙하) 얼음이 얼은 큰 강.

| 士 | 士 0획 | 士 | | | | |

선비 사 一十士

士官(사관) 장교를 통틀어 이르는 말.
士氣(사기) 의욕이나 자신감 따위로 충만하여 굽힐 줄 모르는 기세. 선비의 꿋꿋한 기개.
士兵(사병) 부사관과 병사를 통틀어 이르는 말.

| 巳 | 巳 0획 | 巳 | | | | |

뱀 사 丁丁巳

巳方(사방) 이십사방위의 하나. 정남(正南)에서 동으로 30도 방위를 중심으로 한 15도 각도 안의 방향.
巳時(사시) 십이시의 여섯째 시. 오전 아홉 시부터 열한 시까지.
巳初(사초) 사시(巳時)의 첫 무렵.

| 四 | 口 2획 | 四 | | | | |

넉 사 丨冂冂四四

四角(사각) 네 개의 각이 있는 모양.
四端(사단) 사람의 본성에서 우러나오는 네 가지 마음. 측은지심, 수오지심, 사양지심, 시비지심.
四寸(사촌) 아버지의 친형제자매의 아들이나 딸과의 촌수.

| 史 | 口 2획 | 史 | | | | |

역사 사 丨冂口史史

史觀(사관) 역사의 발전 법칙에 대한 체계적인 견해. =역사관
史劇(사극) 역사에 있었던 사실을 바탕으로 하여 만든 연극이나 희곡. =역사극
史料(사료) 역사 연구에 필요한 문헌이나 유물.

| 仕 | 亻 3획 | 仕 | | | | |

섬길 사 丿亻仁仕仕

仕途(사도) 벼슬길.
仕退(사퇴) 벼슬아치가 정한 시각에 사무를 마치고 물러 나오던 일.
出仕(출사) 벼슬을 하여 관청에 출근함.

群鷄一鶴(군계일학): '여러 마리 닭 속에 있는 한 마리의 학' 이라는 뜻으로 평범한 사람 가운데 뛰어난 한 사람을 비유

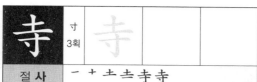

寺	寸 3획	寺			

절 **사** 一 十 土 キ 寺 寺

寺院(사원) 종교의 교당을 통틀어 이르는 말.
寺刹(사찰) 절.
山寺(산사) 산속에 있는 절.

死	歹 2획	死			

죽을 **사** 一 ナ 歹 歹 死 死

死因(사인) 죽게 된 원인.
死活(사활) 죽기와 살기라는 뜻으로, 어떤 중대한 문제를 비유
적으로 이르는 말.
生死(생사) 삶과 죽음을 아울러 이르는 말.

私	禾 2획	私			

사사 **사** ノ ニ 千 禾 禾 私 私

私法(사법) 개인 사이의 재산, 신분 따위에 관한 법률관계를 규정한 법.
私設(사설) 어떤 시설을 개인이 사사로이 설립함. 또는 그 시설.
私學(사학) 개인이 설립한 교육 기관. =사립학교

舍	舌 2획	舍			

집 **사** ノ 人 人 令 今 全 舍 舍

舍監(사감) 기숙사에서 기숙생들의 생활을 지도하고 감독하는 사람.
舍廊(사랑) 집의 안채와 떨어져 있는, 바깥주인이 거처하며 손
님을 접대하는 곳.
舍利(사리) 석가모니나 성자의 유골.

事	亅 7획	事			

일 **사** 一 一 一 F 写 写 事

事件(사건) 사회적 관심이나 주목을 끌 만한 일.
事實(사실) 실제로 있었던 일이나 현재에 있는 일.
事業(사업) 어떤 일을 일정한 목적과 계획을 가지고 짜임새 있
게 지속적으로 경영함.

使	亻 6획	使			

버슬이름 **사**
하여금 **사** 亻 亻 亻 亻 信 使

使臣(사신) 임금이나 국가의 명령을 받고 외국에 사절로 가는 신하.
使用(사용) 일정한 목적이나 기능에 맞게 씀. 사람을 다루어 이
용함.
勞使(노사) 노동자와 사용자를 아울러 이르는 말.

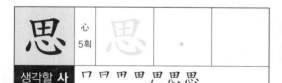

思	心 5획	思	.		

생각할 **사** 口 口 田 田 思 思

思考(사고) 생각하고 궁리함.
思想(사상) 어떠한 사물에 대하여 가지고 있는 구체적인 사고나
생각. 판단, 추리를 거쳐서 생긴 의식 내용.
思惟(사유) 대상을 두루 생각하는 일.

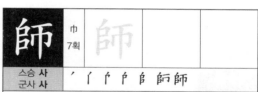

師	巾 7획	師			

스승 **사**
군사 **사** ノ 亻 亻 亽 自 師 師

師範(사범) 남의 스승이 될 만한 모범이나 본보기. 유도나 검도,
바둑 따위의 기술을 가르치는 사람. 또는 그 자격.
師事(사사) 스승으로 삼고 가르침을 받음.
師弟(사제) 스승과 제자를 아울러 이르는 말.

射	寸 7획	射			

쏠 **사**
궁술 **사** 亻 亻 自 身 身 射 射

射擊(사격) 총, 대포, 활 따위를 쏨.
射手(사수) 대포나 총, 활 따위를 쏘는 사람.
發射(발사) 활·총포·로켓이나 광선·음파 따위를 쏘는 일.

絲	糸 6획	絲			

실 **사** ノ 幺 糸 糸 終 絑 絲

絲角(사각) 목재의 모서리를 대패로 가볍게 밀어 날카로움을 없
앤 부분. =실모
絹絲(견사) 깁이나 비단을 짜는 명주실.
原絲(원사) 직물의 원료가 되는 실.

謝	言 10획	謝		

사례할 사   ⁼ 言 言 言 訮 訮 訮 謝 謝 謝

謝過(사과) 자기의 잘못을 인정하고 용서를 빎.
謝禮(사례) 언행이나 선물 따위로 상대에게 고마운 뜻을 나타냄.
謝罪(사죄) 지은 죄나 잘못에 대하여 용서를 빎.

山	山 0획	山		

메 산   ｜ 山 山

山間(산간) 산과 산 사이에 산골짜기가 많은 곳.
山脈(산맥) 산봉우리가 선상이나 대상으로 길게 연속되어 있는 지형.
山林(산림) 산과 숲, 또는 산에 있는 숲. 학식과 덕이 높으나 벼슬을 하지 아니하고 숨어 지내는 선비.

産	生 6획	産		

**낳을 산
생산할 산**   ⼀ ⼇ ⽴ 产 产 库 産 産

産物(산물) 일정한 곳에서 생산되어 나오는 물건.
産業(산업) 인간의 생활을 경제적으로 풍요롭게 하기 위하여 재화나 서비스를 창출하는 생산적 기업이나 조직.
生産(생산) 인간이 생활하는 데 필요한 각종 물건을 만들어 냄.

散	攵 8획	散		

**흩을 산
한가할 산**   ⼀ ⺽ ⺽ 芇 莆 莆 散 散

散文(산문) 율격과 같은 외형적 규범에 얽매이지 않고 자유로운 문장으로 쓴 글. 소설, 수필 등.
散在(산재) 여기저기 흩어져 있음.
散策(산책) 휴식을 취하거나 건강을 위해서 천천히 걷는 일.

算	竹 8획	算		

셈할 산   ⺮ 笁 笁 筲 筲 算 算

算數(산수) 수의 성질, 셈의 기초, 초보적인 기하 따위를 가르치던 학과목.
算定(산정) 셈하여 정함.
算出(산출) 계산하여 냄.

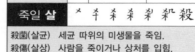

殺	殳 7획	殺		

죽일 살   乂 产 杀 杀 杀 殺 殺

殺菌(살균) 세균 따위의 미생물을 죽임.
殺傷(살상) 사람을 죽이거나 상처를 입힘.
殺害(살해) 사람을 해치어 죽임.

三	一 2획	三		

석 삼   ⼀ ⼆ 三

三綱(삼강) 유교의 도덕에서 기본이 되는 세 가지 강령. 군위신강, 부위자강, 부위부강.
三角(삼각) 세 개의 각.
三伏(삼복) 초복, 중복, 말복을 통틀어 이르는 말.

上	一 2획	上		

위 상   ｜ ⼂ 上

上級(상급) 보다 높은 등급이나 계급.
上疏(상소) 임금에게 글을 올리던 일. 또는 그 글.
上訴(상소) 하급 법원의 판결에 따르지 않고 상급 법원에 재심을 요구하는 일.

尙	小 5획	尙		

**숭상할 상
오히려 상**   ｜ ⼩ ⼩ ⼩ 肖 尙 尙

尙功(상공) 조선 시대에, 내명부 가운데 하나인 여관(女官)의 정육품 벼슬.
尙武(상무) 무예를 중히 여겨 높이 받듦.
尙書(상서) 고려 시대에 둔 육부(六部)의 으뜸 벼슬.

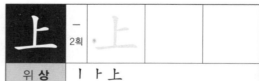

相	目 4획	相		

서로 상   ⼗ ⽊ 杊 相 相 相 相

相對(상대) 서로 마주 대함. 또는 그런 대상. 서로 겨룸. 또는 그런 대상.
相生(상생) 둘 이상이 서로 북돋우며 다 같이 잘 살아감.
相互(상호) 상대가 되는 이쪽과 저쪽 모두.

掘墓鞭屍(굴묘편시): '묘를 파헤쳐 시체를 채찍질한다' 는 뜻으로 가혹한 복수를 가리킴. •

商	口 8획	商			

장사 **상**
헤아릴 **상** `, 一 二 产 产 商 商`

商街(상가) 상점들이 죽 늘어서 있는 거리.
商業(상업) 상품을 사고파는 행위를 통하여 이익을 얻는 일.
商號(상호) 상인이 영업 활동을 할 때에 자기를 표시하기 위하여 쓰는 이름.

常	巾 8획	常			

항상 **상** `1 " " " 兴 兴 常 常 常`

常設(상설) 언제든지 이용할 수 있도록 설비와 시설을 갖추어 둠.
常識(상식) 사람들이 보통 알고 있거나 알아야 하는 지식. 일반적 견문과 함께 이해력, 판단력, 사리 분별 등이 포함.
常住(상주) 늘 일정하게 살고 있음.

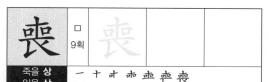

喪	口 9획	喪			

죽을 **상**
잃을 **상** `一 十 十 �df 両 垂 声 喪`

喪家(상가) 사람이 죽어 장례를 치르는 집.
喪服(상복) 상중에 있는 상제나 복인이 입는 예복. 삼베로 만드는데, 바느질을 곱게 하지 않음.
喪主(상주) 주(主)가 되는 상제(喪制).

想	心 9획	想			

생각할 **상** `十 木 机 相 相 想 想 想`

想念(상념) 마음속에 품고 있는 여러 가지 생각.
想像(상상) 실제로 경험하지 않은 현상이나 사물에 대하여 마음속으로 그려 봄.
冥想(명상) 고요히 눈을 감고 깊이 생각함.

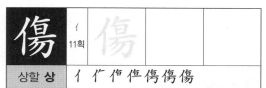

傷	亻 11획	傷			

상할 **상** `亻 亻 仟 信 佇 傷 傷 傷`

傷心(상심) 슬픔이나 걱정 따위로 속을 썩임.
傷處(상처) 몸을 다쳐서 부상을 입은 자리.
損傷(손상) 물체가 깨지거나 상함. 품질이 변하여 나빠짐. 명예나 체면, 가치 따위가 떨어짐.

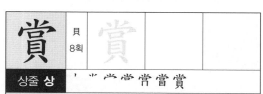

賞	貝 8획	賞			

상줄 **상** `1 " " 兴 兴 堂 賞 賞`

賞金(상금) 선행이나 업적에 대하여 격려하기 위하여 주는 돈.
賞給(상급) 상으로 줌. 또는 그런 돈이나 물건.
鑑賞(감상) 주로 예술 작품을 이해하여 즐기고 평가함.

霜	雨 9획	霜			

서리 **상** `一 厂 币 雨 雪 霏 霜 霜`

霜降(상강) 이십사절기의 하나. 한로(寒露)와 입동(立冬) 사이에 들며, 아침과 저녁의 기온이 내려가고, 서리가 내리기 시작할 무렵.
霜菊(상국) 서리가 올 때에 피는 국화.
霜害(상해) 서리로 인한 피해.

色	色 0획	色			

빛 **색** `ノ ク 今 名 多 色`

色盲(색맹) 빛깔을 구별하지 못하거나 다른 빛깔로 잘못 보는 상태.
色相(색상) 육안으로 볼 수 있는 물질의 형상.
色彩(색채) 사물을 표현하거나 그것을 대하는 태도 따위에서 드러나는 일정한 경향이나 성질.

生	生 0획	生			

살 **생**, 날 **생** `ノ ノ 누 牛 生`

生命(생명) 사람이 살아서 숨 쉬고 활동할 수 있게 하는 힘. 생물로서 살아 있게 하는 힘.
生活(생활) 사람이나 동물이 일정한 환경에서 활동하며 살아감.
發生(발생) 어떤 일이나 사물이 생겨남.

西	襾 0획	西			

서녘 **서** `一 一 两 两 西 西`

西歐(서구) 서양을 이루는 유럽과 북아메리카를 통틀어 이르는 말.
西部(서부) 어떤 지역의 서쪽 부분.
西海(서해) 서쪽에 있는 바다.

• 權謀術數(권모술수): 그때 그때의 형편에 따라 변통성 있게 둘러대는 모략이나 수단.

序	广 4획	序			
차례 **서**	`、亠广广序序`				

序論(서론) 말이나 글 따위에서 본격적인 논의를 하기 위한 실마리가 되는 부분.
序幕(서막) 처음 여는 막. 일의 시작이나 발단.
序列(서열) 일정한 기준에 따라 순서대로 늘어섬.

書	日 6획	書			
책 **서**, 글 **서**	`フコ�ヨ聿圭書書書`				

書類(서류) 글자로 기록한 문서를 통틀어 이르는 말.
書籍(서적) 책.
書札(서찰) 편지.

暑	日 9획	暑			
더울 **서**	`⺊旦早昇昇暑暑暑`				

小暑(소서) 이십사절기의 하나. 하지와 대서 사이에 들며, 본격적인 무더위가 시작됨.
處暑(처서) 이십사절기의 하나. 입추와 백로 사이에 듦.
避暑(피서) 더위를 피하여 시원한 곳으로 옮김.

夕	夕 0획	夕			
저녁 **석**	`ノクタ`				

夕刊(석간) 석간신문.
夕陽(석양) 저녁때의 햇빛. 또는 저녁때의 저무는 해.
夕照(석조) 석양.

石	石 0획	石			
돌 **석**	`一ア不石石`				

石手(석수) 돌을 다루어 물건을 만드는 사람.
石油(석유) 땅속에서 천연으로 나는, 탄화수소를 주성분으로 하는 가연성 기름.
石塔(석탑) 석재를 이용하여 쌓은 탑.

昔	日 4획	昔			
옛 **석**	`一艹뀨뀨昔昔昔`				

昔年(석년) 여러 해 전.
昔歲(석세) 지난해.
昔人(석인) 옛날 사람. 고인.

席	巾 7획	席			
자리 **석**	`亠广广庐庐席席`				

席卷(석권) 돗자리를 만드는 뜻으로, 빠른 기세로 영토를 휩쓸거나 세력 범위를 넓힘을 이르는 말.
席上(석상) 누구와 마주한 자리.
次席(차석) 수석에 다음가는 자리.

惜	忄 8획	惜			
아까울 **석**	`ヽゝ忄忄忙惜惜惜`				

惜別(석별) 서로 애틋하게 이별함. 또는 그런 이별.
惜敗(석패) 경기나 경쟁에서 약간의 점수 차이로 아깝게 짐.
賣惜(매석) 금방 가격이 많이 오를 것을 예상하고 비싼 값을 받기 위하여 상인이 물건 팔기를 꺼리는 일.

仙	亻 3획	仙			
신선 **선**	`ノイ仁仙仙`				

仙境(선경) 신선이 산다는 곳.
仙人(선인) 도를 닦은 사람.
神仙(신선) 도(道)를 닦아서 현실의 인간 세계를 떠나 자연과 벗하며 산다는 상상의 사람.

先	儿 4획	先			
먼저 **선**	`ノ⺊生步先`				

先輩(선배) 자신의 출신 학교를 먼저 입학한 사람. 같은 분야에서 지위나 나이·학예(學藝) 따위가 자기보다 많거나 앞선 사람.
先生(선생) 학생을 가르치는 사람.
率先(솔선) 남보다 앞장서서 먼저 함.

勸善懲惡(권선징악): 착한 일을 권장하고 악한 일을 징계함.

船	舟 5획	船		
배 선	ノ 丌 月 舟 舟 船 船			

船舶(선박) 물 위를 항해하는 구조물. =배
船員(선원) 배의 승무원.
船長(선장) 배의 항해와 배 안의 모든 사무를 책임지고 선원들을
통솔하는 최고 책임자.

善	口 9획	善		
착할 선	⼀ 丷 ⺊ 羊 羊 羊 善 善 善			

善戰(선전) 있는 힘을 다하여 잘 싸움.
善惡(선악) 착한 것과 악한 것을 아울러 이르는 말.
善意(선의) 착한 마음. 좋은 뜻.

選	辶 12획	選		
뽑을 선	⺆ 巴 巴 門 門 罪 巽 巽 選 選			

選擧(선거) 일정한 조직이나 집단이 대표자나 임원을 뽑는 일.
選出(선출) 여럿 가운데서 골라냄.
選擇(선택) 여럿 가운데서 필요한 것을 골라 뽑음.

線	糸 9획	線		
줄 선	幺 糸 糸 約 絔 絎 線 線			

線路(선로) 열차, 전차, 자동차 따위가 다니는 노선.
線分(선분) 직선 위에서 그 위의 두 점에 한정된 부분.
線狀(선상) 선(線)처럼 가늘고 긴 줄을 이룬 모양.

鮮	魚 6획	鮮		
고울 선	ク 午 角 魚 魚 鮮 鮮 鮮			

鮮度(선도) 생선이나 야채 따위의 신선한 정도.
鮮明(선명) 산뜻하고 뚜렷하여 다른 것과 혼동되지 않음.
鮮血(선혈) 생생한 피.

雪	雨 3획	雪		
눈 설	⼀ 雨 雨 雫 雫 雪 雪 雪			

雪景(설경) 눈이 내리거나 눈이 쌓인 경치.
雪山(설산) 눈이 쌓인 산.
雪辱(설욕) 부끄러움을 씻음.

設	言 4획	設		
베풀 설	⼀ 言 言 言 訳 設 設			

設計(설계) 계획을 세움. 또는 그 계획.
設備(설비) 필요한 것을 베풀어서 갖춤. 또는 그런 시설.
設置(설치) 베풀어서 둠.

說	言 7획	說		
말씀 설 기뻐할 열	⼀ 言 言 言 訪 說 說 說			

說敎(설교) 종교의 교리를 설명함.
說得(설득) 상대편이 이쪽 편의 이야기를 따르도록 여러 가지로
깨우쳐 말함.
說明(설명) 어떤 일이나 대상의 내용을 상대편이 잘 알 수 있도록 밝혀 말함.

成	戈 3획	成		
이룰 성	ノ 厂 万 成 成 成			

成功(성공) 목적하는 바를 이룸.
成熟(성숙) 생물의 발육이 완전히 이루어짐. 몸과 마음이 자라서
어른스럽게 됨.
成敗(성패) 성공과 실패를 아울러 이르는 말.

性	忄 5획	性		
성품 성	⼀ 忄 忄 忄 忄 性 性			

性格(성격) 개인이 가지고 있는 고유의 성질이나 품성.
性質(성질) 사람이 지닌 마음의 본바탕. 사물이나 현상이 가지고
있는 고유의 특성.
性品(성품) 사람의 성질이나 됨됨이.

• 橘和爲枳(귤화위지): 회남의 귤을 회북에 옮겨 심으면 탱자가 된다. 즉, 환경에 따라 사람이나 사물의 성질이 변함을 이르는 말.

姓	女 5획	姓			
성씨 성		女 女 女 女 女¹ 姓 姓			

姓名(성명) 성과 이름을 아울러 이르는 말.
同姓(동성) 같은 성(姓).
百姓(백성) 나라의 근본을 이루는 일반 국민을 예스럽게 이르는 말.

省	目 4획	省			
살필 성, 덜 생		丿 小 少 少 省 省 省			

省墓(성묘) 조상의 산소를 찾아가서 돌봄. 또는 그런 일.
省察(성찰) 자기의 마음을 반성하고 살핌.
省略(생략) 전체에서 일부를 줄이거나 뺌.

星	日 5획	星			
별 성		口 日 日 旦 早 星 星			

星座(성좌) 별자리.
衛星(위성) 행성의 인력에 의하여 그 둘레를 도는 천체.
行星(행성) 중심 별의 강한 인력의 영향으로 타원 궤도를 그리며 중심 별의 주위를 도는 천체.

城	土 7획	城			
재 성		十 土 圵 圹 坊 城 城			

城郭(성곽) 내성(內城)과 외성(外城)을 통틀어 이르는 말.
城門(성문) 성곽(城郭)의 문.
城壁(성벽) 성곽의 벽.

盛	皿 7획	盛			
성할 성		丿 厂 厂 成 成 成 盛 盛			

盛大(성대) 행사의 규모 따위가 풍성하고 큼.
盛世(성세) 국운이 번창하고 태평한 시대.
盛況(성황) 모임 따위에 사람이 많이 모여 활기에 찬 분위기.

聖	耳 7획	聖			
성인 성 성스러울 성		一 丁 耳 耳 取 聖 聖 聖			

聖域(성역) 신성한 지역. 함부로 침범할 수 없는 구역이나 문제 삼지 아니하기로 되어 있는 사항·인물·단체를 비유적으로 이르는 말.
聖人(성인) 지혜와 덕이 뛰어나 우러러 본받을 만한 사람.
聖賢(성현) 성인과 현인을 아울러 이르는 말.

誠	言 7획	誠			
정성 성		冫 言 言 訒 訪 誠 誠			

誠金(성금) 정성으로 내는 돈.
誠實(성실) 정성스럽고 참됨.
誠意(성의) 정성스러운 뜻.

聲	耳 11획	聲			
소리 성		一 士 吉 吉 声 声 殸 殸 聲			

聲明(성명) 어떤 일에 대한 자기의 입장이나 견해 또는 방침 따위를 공개적으로 발표함.
聲討(성토) 여러 사람이 모여 국가나 사회에 끼친 잘못을 소리 높여 규탄함.
發聲(발성) 목소리를 냄. 또는 그 목소리.

世	一 4획	世			
인간 세 대 세		一 十 世 世 世			

世間(세간) 세상 일반.
世上(세상) 사람이 살고 있는 모든 사회를 통틀어 이르는 말.
世孫(세손) 왕세자의 맏아들.

洗	氵 6획	洗			
씻을 세		丶 氵 汇 沙 洗 洗 洗			

洗手(세수) 손이나 얼굴을 씻음.
洗滌(세척) 깨끗이 씻음.
洗濯(세탁) 주로 기계를 이용하여 더러운 옷이나 피륙 따위를 빠는 일.

近墨者黑(근묵자흑): '먹을 가까이 하면 검어진다'는 뜻으로 나쁜 사람을 가까이 하면 물들기 쉽다는 말. •

細	糸 5획	細		

가늘 세　　ˊ ㄠ 糸 糸 細 細 細 細

細菌(세균) 생물체 가운데 가장 미세하고 가장 하등에 속하는 단세
포 생활체.
細分(세분) 사물을 여러 갈래로 자세히 나누거나 잘게 가름.
細胞(세포) 생물체를 이루는 기본 단위.

稅	禾 7획	稅		

세금 세　　二 千 千 禾 秒 秒 秒 稅

稅金(세금) 국가 또는 지방 공공 단체가 필요한 경비로 사용하기
위하여 국민이나 주민으로부터 강제로 거두어들이는 금전. =조세
稅務(세무) 세금을 매기고 거두어들이는 일에 관한 사무.
稅制(세제) 세금을 매기고 거두어들이는 것에 관한 제도.

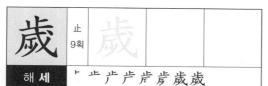

歲	止 9획	歲		

해 세　　ㅏ 止 歩 歩 歩 歩 歲 歲

歲暮(세모) 한 해가 끝날 무렵. =세밑
歲拜(세배) 섣달그믐이나 정초에 웃어른께 인사로 하는 절.
歲月(세월) 흘러가는 시간. 지내는 형편이나 사정. 또는 그런 재미.

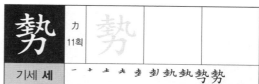

勢	力 11획	勢		

기세 세　　一 十 土 十 幸 刲 執 執 勢 勢

勢道(세도) 정치상의 권세. 또는 그 권세를 마구 휘두르는 일.
勢力(세력) 권력이나 기세의 힘. 어떤 속성이나 힘을 가진 집단.
姿勢(자세) 몸을 움직이거나 가누는 모양. 사물을 대할 때 가지
는 마음가짐.

小	小 0획	小		

작을 소　　亅 小 小

小說(소설) 사실 또는 작가의 상상력에 바탕을 두고 허구적으로
이야기를 꾸며 나간 산문체의 문학 양식.
小數(소수) 0보다 크고 1보다 작은 실수.
小人(소인) 나이가 어린 사람. 키나 몸집 따위가 작은 사람.

少	小 1획	少		

적을 소
젊을 소　　亅 小 小 少

少女(소녀) 아직 완전히 성숙하지 아니한 어린 여자아이.
少年(소년) 아직 완전히 성숙하지 아니한 어린 사내아이.
少額(소액) 적은 액수.

所	戸 4획	所		

바 소　　丶 ㇙ ㇗ 戸 戸 所 所 所

所感(소감) 특별한 일, 특히 기쁜 일이나 뜻 깊은 일을 겪고 난 뒤,
마음에 느낀 바.
所得(소득) 일한 결과로 얻은 정신적 · 물질적 이익.
所屬(소속) 일정한 단체나 기관에 딸림. 또는 그 딸린 곳.

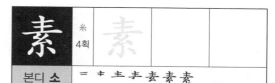

素	糸 4획	素		

본디 소　　二 キ 主 丰 圭 素 素

素量(소량) 구체적인 어떤 종류의 양의 최소 단위.
素材(소재) 어떤 것을 만드는 데 바탕이 되는 재료.
素質(소질) 본디부터 가지고 있는 성질. 또는 타고난 능력이나 기질.

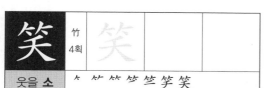

笑	竹 4획	笑		

웃을 소　　ノ ㇏ 笁 笑 ㇏ 笁 笁 笑

笑談(소담) 우스운 이야기.
微笑(미소) 소리 없이 빙긋이 웃음. 또는 그런 웃음.
失笑(실소) 어처구니가 없어 저도 모르게 웃음이 툭 터져 나옴.
또는 그 웃음.

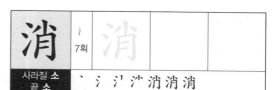

消	氵 7획	消		

사라질 소
끝 소　　丶 氵 氵 沪 消 消 消

消滅(소멸) 사라져 없어짐.
消費(소비) 돈이나 물자, 시간, 노력 따위를 들이거나 써서 없앰.
消火(소화) 불을 끔.

● 金蘭之契(금란지계): 친구 사이의 우의가 두터움.

俗	亻 7획	俗			
속될 속 풍속 속	亻 亻 亻 伀 伀 俗 俗				

俗談(속담) 예로부터 민간에 전하여 오는 쉬운 격언이나 잠언.
俗物(속물) 교양이 없거나 식견이 좁고 세속적인 일에만 신경을
쓰는 사람을 속되게 이르는 말.
俗世(속세) 불가에서 일반 사회를 이르는 말.

速	辶 7획	速			
빠를 속	一 一 一 一 口 中 束 束 涑 速				

速度(속도) 물체가 나아가거나 일이 진행되는 빠르기.
速讀(속독) 책 따위를 빠른 속도로 읽음.
速報(속보) 빨리 알림. 또는 그런 보도.

續	糸 15획	續			
이을 속	幺 糸 糸 締 絲 繢 繢 續				

續出(속출) 잇따라 나옴.
續行(속행) 계속하여 행함.
繼續(계속) 끊이지 않고 이어 나감. 끊어졌던 행위나 상태를 다시 이
어 나감.

孫	子 7획	孫			
손자 손	丁 了 子 子 子 孖 孫 孫				

孫子(손자) 아들의 아들. 또는 딸의 아들.
長孫(장손) 한집안에서 맏이가 되는 후손.
後孫(후손) 자신의 세대에서 여러 세대가 지난 뒤의 자녀를 통
틀어 이르는 말.

松	木 4획	松			
소나무 송	十 才 才 术 术 松 松				

松柏(송백) 소나무와 잣나무를 아울러 이르는 말.
松竹(송죽) 소나무와 대나무를 아울러 이르는 말.
松津(송진) 소나무나 잣나무에서 분비되는 끈적끈적한 액체.

送	辶 6획	送			
보낼 송	丿 八 丷 关 关 诶 送				

送金(송금) 돈을 부쳐 보냄. 또는 그 돈.
送別(송별) 떠나는 사람을 이별하여 보냄.
送還(송환) 포로나 불법으로 입국한 사람 등을 본국으로 도로
돌려보냄.

水	水 0획	水			
물 수	丿 刁 水 水				

水道(수도) 수돗물을 받아 쓸 수 있게 만든 시설.
水準(수준) 사물의 가치나 질 따위의 기준이 되는 일정한 표준이나 정도.
水質(수질) 물의 성질. 물의 온도, 맑고 흐림, 빛깔, 비중, 방사
능 및 유기질과 무기질, 혹은 세균의 함유량 따위에 따라 결정됨.

手	手 0획	手			
손 수	一 二 三 手				

手巾(수건) 얼굴이나 몸을 닦기 위하여 만든 천 조각.
手段(수단) 어떤 목적을 이루기 위한 방법. 또는 그 도구. 일을
처리하여 나가는 솜씨와 꾀.
手帖(수첩) 늘 갖고 다니며 아무 때나 간단히 기록하는 조그마한 공책.

守	宀 3획	守			
지킬 수	丶 丷 宀 宀 守 守				

守備(수비) 외부의 침략이나 공격을 막아 지킴.
守則(수칙) 행동이나 절차에 관하여 지켜야 할 사항을 정한 규칙.
守護(수호) 지키고 보호함.

收	攵 2획	收			
거둘 수	丿 丩 丩 収 收 收				

收監(수감) 사람을 구치소나 교도소에 가두어 넣음.
收納(수납) 돈이나 물품 따위를 받아 거두어들임.
收斂(수렴) 의견이나 사상 따위가 여럿으로 나뉘어 있는 것을 하
나로 모아 정리함.

錦上添花(금상첨화): '비단 위에 꽃을 더한다'는 뜻으로 좋은 일에 좋은 일이 더 한다는 말. •

秀	禾 2획	秀		

빼어날 수 ̄ ニ 千 禾 禾 秀 秀

秀麗(수려) 빼어나게 아름다움.
秀作(수작) 우수한 작품.
秀才(수재) 뛰어난 재주. 또는 머리가 좋고 재주가 뛰어난 사람.

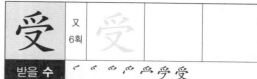

受	又 6획	受		

받을 수 ̄ ̄ ̄ ̄ ̄ ̄ 受

受講(수강) 강의나 강습을 받음.
受諾(수락) 요구를 받아들임.
受容(수용) 어떠한 것을 받아들임. 감상(鑑賞)의 기초를 이루는
작용으로, 예술 작품 따위를 감성으로 받아들여 즐김.

授	扌 8획	授		

줄 수 扌 扌 扌 扩 护 授 授

授受(수수) 물품을 주고받음.
授業(수업) 교사가 학생에게 지식이나 기능을 가르쳐 줌. 또는 그런 일.
授與(수여) 증서, 상장, 훈장 따위를 줌.

首	首 0획	首		

머리 수 ̄ ̄ ̄ ̄ ̄ 首 首

首肯(수긍) 옳다고 인정함.
首相(수상) 내각의 우두머리. 의원 내각제에서는 다수당의 우두
머리가 수상이 되는 것이 일반적임.
首席(수석) 등급이나 직위 따위에서 맨 윗자리.

修	亻 8획	修		

닦을 수 亻 亻 亻 们 修 修 修

修交(수교) 나라와 나라 사이에 교제를 맺음.
修道(수도) 도를 닦음.
修理(수리) 고장 나거나 허름한 데를 손보아 고침.

須	頁 3획	須		

모름지기 수 ̄ ̄ ̄ ̄ ̄ 須 須

須要(수요) 필요.
須臾(수유) 잠시.
必須(필수) 꼭 있어야 하거나 하여야 함.

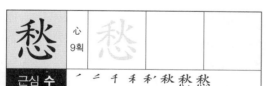

愁	心 9획	愁		

근심 수 ̄ ニ 千 禾 禾 秋 秋 愁

愁苦(수고) 근심과 걱정으로 괴로워함.
愁心(수심) 매우 근심함. 또는 그런 마음.
悲愁(비수) 슬퍼하고 근심함. 또는 슬픔과 근심.

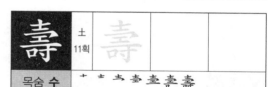

壽	土 11획	壽		

목숨 수 ̄ 土 吉 吉 壽 壽 壽

壽命(수명) 생물이 살아 있는 연한. 사물 따위가 사용에 견디는
기간.
壽福(수복) 오래 살고 복을 누리는 일.
天壽(천수) 타고난 수명. =천명

誰	言 8획	誰		

누구 수 ̄ ̄ 言 言 言 誰 誰 誰

誰某(수모) '아무개'를 문어적으로 이르는 말.
誰何(수하) 어떤 사람. 어느 누구.
誰怨誰咎(수원수구) 남을 원망(怨望)하거나 꾸짖을 것이 없음.

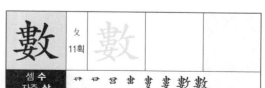

數	攵 11획	數		

**셈 수
자주 삭** ̄ ̄ ̄ ̄ 婁 婁 數 數

數量(수량) 수효와 분량을 아울러 이르는 말.
數値(수치) 계산하여 얻은 값. 수식의 문자 대신에 넣는 수.
數學(수학) 수량 및 공간의 성질에 관하여 연구하는 학문.

• 錦繡江山(금수강산): ① 아름다운 자연을 이르는 말. ② 우리나라를 비유하여 이르는 말.

樹	木 12획	
나무 수 세울 수	一 十 木 村 桔 桔 桔 樹 樹 樹	

樹林(수림) 나무숲.
樹立(수립) 국가나 정부, 제도, 계획 따위를 이룩하여 세움.
樹木(수목) 살아 있는 나무.

雖	隹 9획	
비록 수	口 吕 虽 虽 虽 蚩 雖 雖	

雖然(수연) 그렇지만, 그렇다지만, 비록 ~라 하더라도. 비록 ~라고는 하지만.
性雖章(성수장) 『용비어천가(龍飛御天歌)』제122장의 이름.
弟雖章(제수장) 『용비어천가(龍飛御天歌)』103장의 이름.

叔	又 6획	叔
아재비 숙	丨 卜 上 才 才 未 叔 叔	

叔伯(숙백) 아우와 형을 아울러 이르는 말.
叔姪(숙질) 아저씨와 조카를 아울러 이르는 말.
師叔(사숙) 스님의 형제 되는 승려.

宿	宀 8획	宿
잘 숙 별자리 수	宀 宀 宀 宀 宿 宿	

宿命(숙명) 날 때부터 타고난 정해진 운명. 또는 피할 수 없는 운명.
宿泊(숙박) 여관이나 호텔 따위에서 잠을 자고 머무름.
宿題(숙제) 복습이나 예습 따위를 위하여 방과 후에 학생들에게 내주는 과제.

淑	氵 8획	
맑을 숙	氵 氵 氵 氵 氵 淑 淑 淑	

淑女(숙녀) 교양과 예의와 품격을 갖춘 현숙한 여자. 보통 여자를 대접하여 이르는 말.
婉淑(완숙) 아름답고 정숙함.
貞淑(정숙) 여자로서 행실이 곧고 마음씨가 맑고 고움.

純	糸 4획	純
순수할 순	幺 幺 糸 糸 紅 純 純	

純潔(순결) 잡된 것이 섞이지 아니하고 깨끗함.
純粹(순수) 전혀 다른 것의 섞임이 없음. 사사로운 욕심이나 못된 생각이 없음.
純眞(순진) 마음이 꾸밈이 없고 순박함.

順	頁 3획	
쫓을 순 순할 순	丿 川 川 川 順 順 順	

順理(순리) 순한 이치나 도리. 또는 도리나 이치에 순종함.
順序(순서) 정하여진 기준에서 말하는 전후, 좌우, 상하 따위의 차례 관계.
順位(순위) 차례나 순서를 나타내는 위치나 지위.

戌	戈 2획	
개 술	丿 厂 厂 戌 戌 戌	

戌兵(술병) 국경(國境)을 지키는 군사(軍士).
戌生(술생) 술년에 태어난 사람을 이르는 말.
戌時(술시) 십이시(十二時)의 열한째 시. 오후 일곱 시부터 아홉 시까지.

崇	山 8획	
높을 숭	山 山 山 崇 崇 崇 崇	

崇高(숭고) 뜻이 높고 고상함.
崇拜(숭배) 우러러 공경함. 신이나 부처 따위의 종교적 대상을 우러러 신앙함.
崇尙(숭상) 높여 소중히 여김.

拾	扌 6획	
주울 습 열 십	扌 扌 扒 拾 拾 拾 拾	

拾得(습득) 주워서 얻음.
拾取(습취) 남이 잃어버린 것을 주워서 가짐.
收拾(수습) 흩어진 재산이나 물건을 거두어 정돈함.

麒麟兒(기린아): 재주와 지혜가 뛰어난, 장래가 촉망되는 젊은이.

習	羽 5획	習		

익힐 **습**	コ ヨ ヨ ヨ ヨ ヨ 習 習

習慣(습관) 여러 번 되풀이함으로써 저절로 익혀진 행동 방식.
習得(습득) 학문이나 기술 따위를 배워서 자기 것으로 함.
習作(습작) 시, 소설, 그림 따위의 작법이나 기법을 익히기 위하여
연습 삼아 짓거나 그려 봄.

承	手 4획	承		

받들 **승**	了 了 手 承 承 承

承諾(승낙) 청하는 바를 들어줌.
承服(승복) 납득하여 따름. 죄를 스스로 고백함.
承認(승인) 어떤 사실을 마땅하다고 받아들임.

乘	ノ 9획	乘		

탈 **승**	二 千 千 于 乖 乖 乘 乘

乘客(승객) 차, 배, 비행기 따위의 탈것을 타는 손님.
乘馬(승마) 사람이 말을 타고 여러 가지 동작을 함. 또는 그런 경기.
乘勢(승세) 유리한 형세나 기회를 탐.

勝	力 10획	勝		

이길 **승**	月 月 肝 胖 脐 勝 勝

勝利(승리) 겨루어서 이김.
勝勢(승세) 싸움에서 이기거나 어떤 일에 성공할 기세.
勝敗(승패) 승리와 패배를 아울러 이르는 말.

市	巾 2획	市		

도시 **시**	丶 二 广 方 市

市街(시가) 도시의 큰 길거리.
市場(시장) 여러 가지 상품을 사고파는 일정한 장소.
市廳(시청) 시의 행정 사무를 맡아보는 기관. 또는 그 청사(廳舍).

示	示 0획	示		

보일 **시**	一 二 亍 示 示

示範(시범) 모범을 보임.
示唆(시사) 어떤 것을 미리 간접적으로 표현해 줌.
示威(시위) 위력이나 기세를 떨쳐 보임.

始	女 5획	始		

처음 **시**	く 女 女 女 如 始 始

始作(시작) 어떤 일이나 행동의 처음 단계를 이루거나 그렇게 하
게 함. 또는 그 단계.
始終(시종) 처음과 끝을 아울러 이르는 말.
始初(시초) 맨 처음.

是	日 5획	是		

옳을 **시**	丶 日 旦 早 早 是 是

是非(시비) 옳음과 그름. 옳고 그름을 따지는 말다툼.
是認(시인) 어떤 내용이나 사실이 옳거나 그러하다고 인정함.
亦是(역시) 생각하였던 대로. 예전과 마찬가지로. =또한.

施	方 5획	施		

베풀 **시**	二 亠 方 ナ 斺 施 施

施設(시설) 도구, 기계, 장치 따위를 베풀어 설비함. 또는 그런 설비.
施策(시책) 어떤 정책을 시행함. 또는 그 정책.
施行(시행) 실지로 행함.

時	日 6획	時		

때 **시**	刂 日 日 肝 旪 時 時

時間(시간) 어떤 시각에서 어떤 시각까지의 사이. 어떤 행동을
할 틈.
時期(시기) 어떤 일이나 현상이 진행되는 시점.
時點(시점) 시간의 흐름 가운데 어느 한 순간.

• 奇想天外(기상천외): 기이한 생각이 하늘 밖에까지 미침.

視	見 5획	視			
볼 시	ニ ﾃ ｦ ｦ 初 和 視 視				

視線(시선) 눈이 가는 길. 또는 눈의 방향. 주의 또는 관심을 비유적으로 이르는 말.
視野(시야) 시력이 미치는 범위. 사물을 관찰하는 식견의 범위.
視聽(시청) 눈으로 보고 귀로 들음.

詩	言 6획	詩			
시 시	ﾀ ﾝ 言 言 詩 詩 詩				

詩歌(시가) 가사를 포함한 시 문학을 통틀어 이르는 말.
詩文(시문) 시가와 산문을 아울러 이르는 말.
詩人(시인) 시를 전문적으로 짓는 사람

試	言 6획	試			
시험할 시	ﾝ 言 言 言 試 試 試				

試圖(시도) 무엇을 이루어 보려고 계획하거나 행동하는 것.
試案(시안) 시험으로 또는 임시로 만든 계획이나 의견.
試驗(시험) 재능이나 실력 따위를 일정한 절차에 따라 검사하고 평가하는 일.

式	弋 3획	式			
법 식	一 二 于 三 式 式				

公式(공식) 국가적이나 사회적으로 인정된 공적인 방식.
方式(방식) 일정한 방법이나 형식.
形式(형식) 사물이 외부로 나타나 보이는 모양. 내용(內容)을 담고 있는 바탕이 되는 틀.

食	食 0획	食			
밥 식	人 入 今 今 今 食 食 食				

食糧(식량) 먹을 양식.
食事(식사) 끼니로 음식을 먹음. 또는 그 음식.
食品(식품) 사람이 일상적으로 섭취하는 음식물을 통틀어 이르는 말.

植	木 8획	植			
심을 식	十 才 オ 柞 柞 杭 植 植				

植木(식목) 나무를 심음. 또는 그 나무.
植物(식물) 온갖 나무와 풀의 총칭(總稱).
植民(식민) 본국(本國)과는 다른 차별적 지배를 받고 있는 지역에 자국민이 영주(永住)할 목적으로 이주하여 경제적으로 개척하며 활동하는 일.

識	言 12획	識			
알 식 기록할 지	ﾝ 言 言 計 診 諳 識 識				

識見(식견) 학식과 견문이라는 뜻으로, 사물을 분별할 수 있는 능력을 이르는 말.
識別(식별) 분별하여 알아봄.
標識(표지) 표시나 특징으로 어떤 사물을 다른 것과 구별하게 함.

申	田 0획	申			
알릴 신 아홉째 지지 신	ㅣ 口 日 日 申				

申告(신고) 국민이 법령의 규정에 따라 행정 관청에 일정한 사실을 진술·보고함.
申聞(신문) 사정이나 형편 따위를 상부에 보고함.
申請(신청) 단체나 기관에 어떠한 일이나 물건을 알려 청구함.

臣	臣 0획	臣			
신하 신	一 T 王 耳 手 臣				

臣僚(신료) 모든 신하.
臣下(신하) 임금을 섬기어 벼슬하는 사람.
功臣(공신) 나라를 위하여 특별한 공을 세운 신하.

辛	辛 0획	辛			
천간 신 매울 신	ﾝ ﾝ ﾕ ｍ 立 辛 辛				

辛苦(신고) 어려운 일을 당하여 몹시 애씀. 또는 그런 고생.
辛勤(신근) 힘든 일을 맡아 애쓰며 부지런히 일함.
艱辛(간신) 힘들고 고생스러움.

暖衣飽食(난의포식): 따뜻한 옷을 입고 음식을 배불리 먹어 의식에 부자유함이 없음.

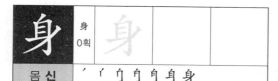

身 身 0획

몸 신 　｀ ｀ ´ ｢ ｢ ｢ 自 身 身

身分(신분) 부모·자녀·가족·배우자 따위와 같이 신분 관계의 구성원으로 갖는 법률적 지위.
身世(신세) 다른 사람에게 도움을 받거나 폐를 끼치는 일.
身體(신체) 사람의 몸.

神 示 5획

신선 **신**
귀신 **신** 　ニ ｼ ホ ホ 利 祀 神

神祕(신비) 일이나 현상 따위가 사람의 힘이나 지혜 또는 보통의 이론이나 상식으로는 도저히 이해할 수 없을 만큼 신기하고 묘함.
神話(신화) 고대인의 사유나 표상이 반영된 신성한 이야기.
精神(정신) 육체나 물질에 대립되는 영혼이나 마음.

失 大 2획

잃을 **실** 　´ ´ ｰ 失 失

失脚(실각) 세력을 잃고 지위에서 물러남.
失格(실격) 기준 미달이나 기준 초과, 규칙 위반 따위로 자격을 잃음.
失策(실책) 잘못된 계책.

實 宀 11획

열매 **실** 　宀 宀 宀 宀 宀 宀 實 實

實施(실시) 실제로 시행함.
實際(실제) 사실의 경우나 형편.
實踐(실천) 생각한 바를 실제로 행함.

甚 甘 4획

심할 **심** 　一 十 卄 卄 甘 甚 其 甚 甚

甚難(심난) 매우 어려움.
極甚(극심) 매우 심함.
莫甚(막심) 더할 나위 없이 심함.

信 亻 7획

믿을 **신** 　ノ イ イ 信 信 信 信

信念(신념) 굳게 믿는 마음.
信賴(신뢰) 굳게 믿고 의지함.
信用(신용) 사람이나 사물이 틀림없다고 믿어 의심하지 아니함. 또는 그런 믿음성의 정도.

新 斤 9획

새 **신** 　ー ㅗ ㅛ 辛 辛 亲 亲 新 新

新刊(신간) 책을 새로 간행함. 또는 그 책.
新曲(신곡) 새로 지은 곡.
新築(신축) 건물 따위를 새로 만듦.

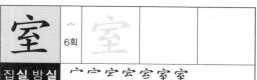

室 宀 6획

집실, 방실 　宀 宀 宀 宀 宀 宇 室 室

室內(실내) 방이나 건물 따위의 안.
室外(실외) 방이나 건물 따위의 밖.
寢室(침실) 잠을 자는 방.

心 心 0획

마음 **심** 　ノ 心 心 心

心理(심리) 마음의 작용과 의식의 상태.
心身(심신) 마음과 몸을 아울러 이르는 말.
心情(심정) 마음속에 품고 있는 생각이나 감정. =마음씨

深 氵 8획

깊을 **심** 　氵 沪 沪 沪 深 深 深

深刻(심각) 마음에 깊이 새김. 상태나 정도가 매우 깊고 중대함.
深層(심층) 사물의 속이나 밑에 있는 깊은 층. 겉으로 드러나지 않은, 사물이나 사건의 내부 깊숙한 곳.
深化(심화) 정도나 경지가 점점 깊어짐. 또는 깊어지게 함.

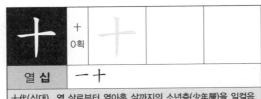

十 十 0획 十

열 십 ― 十

十代(십대) 열 살로부터 열아홉 살까지의 소년층(少年層)을 일컬음.
十萬(십만) 만의 열 배가 되는 수. 또는 그런 수의.
十分(십분) 아주 충분히.

氏 氏 0획 氏

성 씨, 각시 씨 ᐟ ᐟ 氏 氏

氏穀(씨곡) 씨앗으로 쓸 곡식(穀食).
氏族(씨족) 공동의 조상을 가진 혈연 공동체. 원시 사회에서 흔히 찾아볼 수 있는 부족 사회의 기초 단위로서, 대개는 족외혼의 관습에 의하여 유지됨.
宗氏(종씨) 같은 성으로서 촌수를 따지지 않는 족속을 일컬음.

我 戈 3획 我

나 아 ᐟ ᐟ 手 手 我 我 我

我軍(아군) 우리 편 군대. 운동 경기 등에서 우리 편을 일컫는 말.
我執(아집) 자기중심의 좁은 생각에 집착하여 다른 사람의 의견이나 입장을 고려하지 아니하고 자기만을 내세우는 것.
自我(자아) 자기 자신에 대한 의식이나 관념.

兒 儿 6획 兒

아이 아 ᐟ ᐟ ᐟ 臼 臼 臼 臼 兒

兒童(아동) 나이가 적은 아이. 대개 유치원에 다니는 나이로부터 사춘기 전의 아이.
兒名(아명) 아이 때의 이름.
小兒(소아) 어린아이.

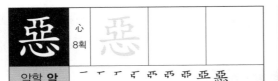

惡 心 8획 惡

악할 악 ― ― ― 亞 亞 亞 亞 亞 惡

惡魔(악마) 불의나 암흑, 또는 사람을 악으로 유혹하고 멸망하게 하는 것을 비유적으로 이르는 말.
惡臭(악취) 나쁜 냄새.
惡筆(악필) 잘 쓰지 못한 글씨. 품질이 나쁜 붓.

安 宀 3획 安

편안할 안 ᐟ ᐟ 宀 安 安

安保(안보) 편안히 보전됨. 또는 편안히 보전함. '안전 보장'을 줄여 이르는 말.
安心(안심) 모든 걱정을 떨쳐 버리고 마음을 편히 가짐.
安靜(안정) 육체적 또는 정신적으로 편안하고 고요함.

案 木 6획 案

안건 안
책상 안 ᐟ 宀 安 安 宰 案

案件(안건) 토의하거나 조사하여야 할 사실.
案內(안내) 어떤 내용을 소개하여 알려 줌. 또는 그런 일.
答案(답안) 문제의 해답. 또는 그 해답을 쓴 것.

眼 目 6획 眼

눈 안 ᐟ 目 目 目 目 眼 眼 眼

眼鏡(안경) 시력이 나쁜 눈을 잘 보이게 하기 위하여나 바람, 먼지, 강한 햇빛 따위를 막기 위하여 눈에 쓰는 물건.
眼科(안과) 눈에 관계된 질환을 연구하고 치료하는 의학 분야.
眼目(안목) 사물을 보고 분별하는 견식.

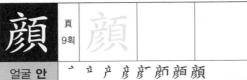

顔 頁 9획 顔

얼굴 안 ᐟ 立 产 彦 彦 彦 顔 顔 顔

顔面(안면) 서로 얼굴을 알 만한 친분. =얼굴
顔色(안색) 얼굴빛.
洗顔(세안) 얼굴을 씻음.

巖 山 20획 巖

바위 암 ᐟ 屵 屵 屵 屵 巖 巖 巖 巖 巖

巖壁(암벽) 깎아지른 듯 높이 솟은 벽 모양의 바위.
巖石(암석) 지각을 구성하고 있는 단단한 물질. 화성암, 퇴적암, 변성암으로 크게 나눔.
奇巖(기암) 기이하게 생긴 바위.

南郭濫吹(남곽남취): 학문과 기예에 전문적 지식과 체계나 조리도 없이 함부로 날뛰는 사람을 비유.

| 暗 | 日 9획 | 暗 | | | |

어두울 **암** 丨冂日旷旷昨晗暗暗

暗澹(암담) 어두컴컴하고 쓸쓸함. 희망이 없고 절망적임.
暗殺(암살) 몰래 사람을 죽임.
暗示(암시) 넌지시 알림. 또는 그 내용. 뜻하는 바를 간접적으로
나타내는 표현법.

| 仰 | 亻 4획 | 仰 | | | |

우러를 **앙** 丿亻仁仰仰仰

仰望(앙망) 자기의 요구나 희망이 실현되기를 우러러 바람.
仰慕(앙모) 우러러 그리워함.
推仰(추앙) 높이 받들어 우러러봄.

| 哀 | 口 6획 | 哀 | | | |

슬플 **애** 亠亠古亡亡亡哀哀

哀歌(애가) 슬픈 심정을 읊은 노래. 사람의 죽음을 슬퍼하는 노래.
哀悼(애도) 사람의 죽음을 슬퍼함.
哀惜(애석) 슬프고 아까움.

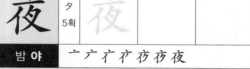

| 愛 | 心 9획 | 愛 | | | |

사랑 **애** 一爫罒忞忞炋愛愛

愛國(애국) 자기 나라를 사랑함.
愛讀(애독) 즐겨 재미있게 읽음.
愛情(애정) 사랑하는 마음. 남녀 간에 서로 그리워하는 마음. 또는
그런 일.

| 也 | 乙 2획 | 也 | | | |

어조사 **야** 丿九也

厥也(궐야) 사람, 그 자라는 뜻.
必也(필야) 틀림없이 꼭.
或也(혹야) 만일(萬一)에. 가다가 더러. 행여나.

| 夜 | 夕 5획 | 夜 | | | |

밤 **야** 亠广广庁夜夜夜

夜間(야간) 해가 진 뒤부터 먼동이 트기 전까지의 동안.
夜景(야경) 밤의 경치.
夜行(야행) 밤에 길을 감. 밤에 활동함.

| 野 | 里 4획 | 野 | | | |

들 **야**, 분야 **야** 口日旦甲里野野野

野黨(야당) 정당 정치에서, 현재 정권을 잡고 있지 아니한 정당.
野望(야망) 크게 무엇을 이루어 보겠다는 희망.
野山(야산) 들 가까이의 나지막한 산.

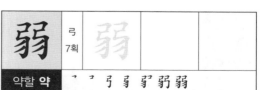

| 若 | 艹 5획 | 若 | | | |

같을 **약**
만약 **약** 一十艹艾芳若若若

若干(약간) 얼마 되지 않음. 얼마 안 되게. 또는 얼마쯤.
萬若(만약) 만일(萬一), 혹시.
不若(불약) ~만 못함.

| 約 | 糸 3획 | 約 | | | |

약속할 **약** 纟纟纟糸約約約

約束(약속) 다른 사람과 앞으로의 일을 미리 정하여 둠.
契約(계약) 관련되는 사람이나 조직체 사이에서 서로 지켜야 할
의무에 대하여 글이나 말로 정하여 둠. 또는 그런 약속.
儉約(검약) 돈이나 물건, 자원 따위를 낭비하지 않고 아껴 씀.

| 弱 | 弓 7획 | 弱 | | | |

약할 **약** 冫弓弓弜弜弱弱

弱冠(약관) 스무 살을 달리 이르는 말.
弱勢(약세) 약한 세력이나 기세. 시세가 하락하는 경향에 있는 것.
또는 그런 장세(場勢).
弱點(약점) 모자라서 남에게 뒤떨어지거나 떳떳하지 못한 점.

• 囊中之錐(낭중지추): 재능이 뛰어난 사람은 숨어 있어도 사람들에게 알려진다는 뜻.

藥	艹 15획	藥		
약 **약**		一 十 丬 丬 丬 茚 薝 薝 藥 藥		

藥局(약국) 약사가 약을 조제하거나 파는 곳.
藥品(약품) 약. 약의 품질.
藥效(약효) 약의 효험.

羊	羊 0획	羊		
양 **양**		、 ソ ツ 二 兰 羊		

羊毛(양모) 양털.
羊皮(양피) 양의 가죽.
山羊(산양) 솟과의 포유류. =염소

洋	氵 6획	洋		
서양 **양** 큰 바다 **양**		丶 氵 汀 汼 洋 洋		

洋襪(양말) 맨발에 신도록 실이나 섬유로 짠 것.
洋酒(양주) 서양에서 들여온 술. 서양식 양조법으로 만든 술.
海洋(해양) 넓고 큰 바다. 지구 표면의 약 70%를 차지하며 태평양·
대서양·인도양 등을 이르는 말.

揚	扌 9획	揚		
올릴 **양**		一 寸 扌 扪 押 押 揚 揚		

揚力(양력) 유체 속 운동하는 물체에 운동 방향과 수직 방향으
로 작용하는 힘.
揚陸(양륙) 배에 실려 있는 짐을 뭍으로 운반함.
讚揚(찬양) 아름답고 훌륭함을 크게 기리고 드러냄.

陽	阝 9획	陽		
볕 **양**		` ㄱ 阝 阝 阳 阴 陽 陽		

陽曆(양력) 지구가 태양의 둘레를 한 바퀴 도는 데 걸리는 시간
을 1년으로 정한 역법. =태양력
陽地(양지) 볕이 바로 드는 곳. 혜택을 받는 입장을 이르는 말.
陽春(양춘) 따뜻한 봄. 음력 정월을 달리 이르는 말.

養	食 6획	養		
기를 **양**		ソ 丷 羊 羊 美 养 着 養 養		

養分(양분) 영양이 되는 성분.
養成(양성) 가르쳐서 유능한 사람을 길러 냄. 실력이나 역량 따
위를 길러서 발전시킴.
養育(양육) 아이를 보살펴서 자라게 함.

讓	言 17획	讓		
사양할 **양**		言 言 訲 譚 譚 譚 讓 讓 讓		

讓渡(양도) 재산이나 물건을 남에게 넘겨줌. 또는 그런 일.
讓步(양보) 길이나 자리, 물건 따위를 사양하여 남에게 미루어 줌.
자기의 주장을 굽혀 남의 의견을 좇음.
讓與(양여) 자기의 소유를 남에게 건네 줌.

於	方 4획	於		
어조사 **어**		一 亠 方 方 扵 於 於		

於心(어심) 마음의 속.
於中間(어중간) 거의 중간쯤 되는 곳. 또는 그런 상태.
於此彼(어차피) 이렇게 하든지 저렇게 하든지. 또는 이렇게 되든
지 저렇게 되든지.

魚	魚 0획	魚		
물고기 **어**		丿 勹 勹 勹 角 甬 魚 魚 魚		

魚群(어군) 물고기의 떼.
魚類(어류) 척추동물문의 연골어강, 경골어강, 먹장어강, 두갑강,
조기강을 통틀어 이르는 말.
魚貝(어패) 물고기와 조개를 아울러 이르는 말.

漁	氵 11획	漁		
고기 잡을 **어**		氵 氵 沽 沽 渔 渔 漁 漁		

漁夫(어부) 물고기 잡는 일을 직업으로 하는 사람.
漁船(어선) 고기잡이를 하는 배.
漁村(어촌) 어민(漁民)들이 모여 사는 바닷가 마을.

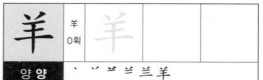

怒髮衝冠(노발충관): '화가 나서 머리털이 곤두서 관을 찌른다'로 크게 성이 난 모습을 이르는 말. •

語	言 7획	語			
말씀 어	﹁ ﹂ 言 言 訂 訊 語 語 語				

語法(어법) 말의 일정한 법칙.
語學(어학) 어떤 나라의 언어, 특히 문법을 연구하는 학문.
語彙(어휘) 어떤 일정한 범위 안에서 쓰이는 단어의 수효. 어떤 종류의 말을 간단한 설명을 붙여 순서대로 모아 적어 놓은 글.

億	亻 13획	億			
억 억	亻 广 佇 倍 倍 億 億				

億劫(억겁) 무한하게 오랜 시간.
億臺(억대) 억으로 헤아릴 만큼 많음.
億恨(억한) 몹시 많은 원한.
千億(천억) 아주 많은 수.

憶	忄 13획	憶			
생각할 억	丶 忄 忄 忄 憶 憶 憶				

憶測(억측) 이유와 근거가 없는 추측.
記憶(기억) 이전의 인상이나 경험을 의식 속에 간직하거나 도로 생각해 냄.
追憶(추억) 지나간 일을 돌이켜 생각함. 또는 그런 생각이나 일.

言	言 0획	言			
말씀 언	丶 二 亠 言 言 言 言				

言及(언급) 어떤 문제에 대하여 말함.
言論(언론) 개인이 말이나 글로 자기의 생각을 발표하는 일. 또는 그 말이나 글.
言行(언행) 말과 행동을 아울러 이르는 말.

嚴	口 17획	嚴			
엄숙할 엄	吅 吅 严 严 严 厰 厰 厰 嚴				

嚴格(엄격) 말, 태도, 규칙 따위가 매우 엄하고 철저함. 또는 그런 품격.
嚴選(엄선) 엄격하고 공정하게 가리어 뽑음.
嚴肅(엄숙) 분위기나 의식 따위가 장엄하고 정숙함.

業	木 9획	業			
업 업	丷 业 业 丵 丵 丵 業 業				

業務(업무) 직장 같은 곳에서 맡아서 하는 일.
業績(업적) 어떤 사업(事業)이나 연구(研究) 따위에서 이룩해 놓은 성과(成果).
業體(업체) 사업이나 기업의 주체.

汝	氵 3획	汝			
너 여	丶 丶 氵 汝 汝 汝				

汝等(여등) '너희'를 문어적으로 이르는 말. =여배
汝窯(여요) 중국 송나라 때 루저우(汝州)에 있었던 가마. 엷은 청색 자기의 생산으로 유명함.
汝矣島(여의도) 서울시 영등포구에 속한, 한강 가운데 있는 섬.

如	女 3획	如			
같을 여	乀 乆 女 如 如 如				

如干(여간) 그 상태가 보통으로 보아 넘길 만한 것임을 나타내는 말.
如前(여전) 전과 같음.
如此(여차) 이와 같음. 이렇게.

余	人 5획	余			
나 여	丿 人 人 仒 仐 余 余				

余等(여등) 우리들. =오등
余輩(여배) 우리의 무리. 우리네.
余月(여월) 음력 4월을 달리 이르는 말.

與	臼 7획	與			
참여할 여 줄 여	丶 亻 亻 白 白 台 台 铛 铛 與 與				

與件(여건) 주어진 조건.
與黨(여당) 정당 정치에서, 현재 정권을 잡고 있는 정당.
與否(여부) 그러함과 그러하지 아니함.

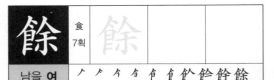

餘	食 7획	餘		

남을 여 　 ノ ㅅ ㅅ 숙 숙 余 舎 舎 舘 餘

餘暇(여가) 　 일이 없어 남는 시간.
餘力(여력) 　 어떤 일에 주력하고 아직 남아 있는 힘.
餘裕(여유) 　 물질적·공간적·시간적으로 넉넉하여 남음이 있는 상태.

亦	亠 4획	亦		

또 역 　 ヽ 一 宀 亣 亣 亦

亦是(역시) 　 생각하였던 대로. 예전과 마찬가지로. =또한
亦然(역연) 　 또한 그러함.
此亦(차역) 　 이것도 또한.

易	日 4획	易		

**바꿀 역
쉬울 이** 　 ㅁ 日 日 尸 昻 易 易

易經(역경) 　 주역(周易)을 삼경(三經)의 하나로서 일컫는 말.
貿易(무역) 　 지방과 지방 사이에 서로 물건을 사고팔거나 교환하는
　 일. 나라와 나라 사이에 서로 물품을 매매하는 일.
交易(교역) 　 주로 나라와 나라 간에 물건을 사고팔아 서로 바꿈.

逆	辶 6획	逆		

거스릴 역 　 ヽ ㅛ ㅛ 屰 屰 逆 逆

逆轉(역전) 　 형세가 뒤집힘. 일이 잘못되어 좋지 아니하게 벌어져 감.
逆風(역풍) 　 배가 가는 반대쪽으로 부는 바람. 일이 뜻한 바대로 순
　 조롭게 진행되지 못하고 어려움을 겪는 것을 비유적으로 이르는 말.
逆行(역행) 　 반대 방향으로 거슬러 나아감. 뒷걸음질을 침.

研	石 6획	研		

연구할 연 　 一 丆 石 石 矴 砑 砑 研

硏究(연구) 　 어떤 일이나 사물에 대하여서 깊이 있게 조사하고
　 생각하여 진리를 따져 보는 일.
硏磨(연마) 　 학문이나 기술 따위를 힘써 배우고 닦음.
硏修(연수) 　 학문 따위를 연구하고 닦음.

然	灬 8획	然		

그럴 연 　 ク タ 夕 妖 妖 然 然

然後(연후) 　 그런 뒤.
漠然(막연) 　 갈피를 잡을 수 없게 아득함. 뚜렷하지 못하고 어렴
　 풋함.
偶然(우연) 　 아무런 인과 관계가 없이 뜻하지 아니하게 일어난 일.

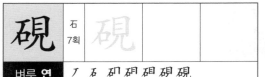

硯	石 7획	硯		

벼루 연 　 丆 石 砸 砸 砸 硯 硯

硯石(연석) 　 벼룻돌.
硯水(연수) 　 벼룻물.
硯滴(연적) 　 벼루에 먹을 갈 때 쓰는, 물을 담아 두는 그릇.

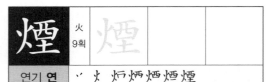

煙	火 9획	煙		

연기 연 　 ㆍ 火 灯 炉 炯 炯 煙

煙氣(연기) 　 무엇이 불에 탈 때에 생겨나는 흐릿한 기체나 기운.
煙波(연파) 　 연기나 안개가 자욱하게 낀 수면. 연기가 자욱하게
　 끼어서 물결처럼 보이는 것을 비유적으로 이르는 말.
煤煙(매연) 　 연료가 탈 때 나오는, 그을음이 섞인 연기.

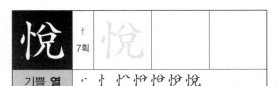

悅	忄 7획	悅		

기쁠 열 　 ㆍ 忄 忄 忄 悦 悦 悦

悅樂(열락) 　 기뻐하고 즐거워함.
悅慕(열모) 　 기쁜 마음으로 사모함.
悅愛(열애) 　 기쁜 마음으로 사랑함.

熱	灬 11획	熱		

더울 열 　 一 ㆍ 土 圥 坴 刲 執 執 執 熱

熱狂(열광) 　 너무 기쁘거나 흥분하여 미친 듯이 날뜀. 또는 그런 상태.
熱望(열망) 　 열렬하게 바람.
熱風(열풍) 　 뜨거운 바람.

老婆心切(노파심절): 남의 일을 지나치게 걱정하는 마음. •

炎	火 4획	炎			
불꽃 **염** 염증 **염**	`ヽ ソ 火 炒 炎`				

炎症(염증) 생체 조직이 손상을 입었을 때에 체내에서 일어나는 방어적 반응.
炎天(염천) 몹시 더운 날씨.
肺炎(폐렴) 폐에 생기는 염증.

葉	艹 9획	葉			
잎 **엽** 땅이름 **섭**	`一 十 艹 艹 莁 莖 荜 葉`				

葉綠體(엽록체) 식물 잎의 세포 안에 함유된 둥근 모양 또는 타원형의 작은 구조물.
落葉(낙엽) 나뭇잎이 떨어짐. 말라서 떨어진 나뭇잎.
針葉(침엽) 바늘처럼 가늘고 길며 끝이 뾰족한 잎.

永	水 1획	永			
길 **영**	`ヽ 丁 刁 永 永`				

永劫(영겁) 영원한 세월.
永生(영생) 영원한 생명. 또는 영원히 삶.
永遠(영원) 어떤 상태가 끝없이 이어짐. 또는 시간을 초월하여 변하지 아니함.

迎	辶 4획	迎			
맞을 **영**	`ノ ㄈ ㄇ 卬 迎 迎`				

迎新(영신) 새해를 맞음. 새로운 것을 맞이함.
迎接(영접) 손님을 맞아서 대접하는 일.
歡迎(환영) 오는 사람을 기쁜 마음으로 반갑게 맞음.

英	艹 5획	英			
뛰어날 **영** 꽃부리 **영**	`一 十 艹 艹 苹 英 英`				

英國(영국) 유럽 서부 대서양 가운데 있는 입헌 군주국. 수도 런던.
英雄(영웅) 지혜와 재능이 뛰어나고 용맹하여 보통 사람이 하기 어려운 일을 해내는 사람.
英才(영재) 뛰어난 재주. 또는 그런 사람.

榮	木 10획	榮			
영화 **영**, 꽃 **영**	`ヽ ヽ ㅆ 炒 炒 炒 榮 榮`				

榮光(영광) 빛나고 아름다운 영예.
榮譽(영예) 영광스러운 명예.
榮華(영화) 몸이 귀하게 되어 이름이 세상에 빛남.

藝	艹 15획	藝			
재주 **예** 심을 **예**	`一 十 艹 艹 芒 芸 藝 藝 藝 藝 藝 藝`				

藝能(예능) 연극, 영화, 음악, 미술 따위의 예술과 관련된 능력을 통틀어 이르는 말.
藝名(예명) 예능인이 본명 이외에 따로 지어 부르는 이름.
藝術(예술) 기예와 학술을 아울러 이르는 말. 아름답고 높은 경지에 이른 숙련된 기술을 비유적으로 이르는 말.

午	十 2획	午			
낮 **오** 일곱째 지지 **오**	`ノ ㅅ ㅗ 午`				

午前(오전) 자정부터 낮 열두 시까지의 시간.
午後(오후) 정오(正午)부터 밤 열두 시까지의 시간.
午餐(오찬) 손님을 초대하여 함께 먹는 점심 식사.

五	二 2획	五			
다섯 **오**	`一 丁 五 五`				

五穀(오곡) 다섯 가지 중요한 곡식. 온갖 곡식을 통틀어 이르는 말.
五倫(오륜) 유학에서 사람이 지켜야 할 다섯 가지 도리. 부자유친, 군신유의, 부부유별, 장유유서, 붕우유신.
五福(오복) 유교에서 이르는 다섯 가지의 복.

吾	口 4획	吾			
나 **오**	`一 丁 五 五 吾 吾 吾`				

吾君(오군) 우리의 임금. 예전에, 신하가 자기의 임금을 이르던 말.
吾等(오등) '우리'를 문어적으로 이르는 말.
吾人(오인) 나. 우리 인류.

• 綠陰芳草(녹음방초): 푸른 나무 그늘과 꽃다운 풀, 곧 여름의 아름다운 자연 경치.

烏	灬 6획	烏		
검을 오 까마귀 오	´ ´ ´ 烏 烏 烏 烏			

烏鵲(오작) 까마귀와 까치.
烏瓜(오과) 박과에 딸린 여러해살이 덩굴풀. = 하눌타리
烏竹(오죽) 볏과의 여러해살이 식물. 대나무의 일종.

悟	忄 7획	悟		
깨달을 오	` ´ 忄 忄 忭 悟 悟			

悟道(오도) 번뇌에서 벗어나 부처의 세계에 들어갈 수 있는 길.
悟性(오성) 지성이나 사고의 능력. 감성 및 이성과 구별되는 지력(知力).
覺悟(각오) 앞으로 해야 할 일이나 겪을 일에 대한 마음의 준비. 도리를 깨우쳐 앎.

誤	言 7획	誤		
그르칠 오	` ` 言 訂 評 評 誤 誤			

誤謬(오류) 그릇되어 이치에 맞지 않는 일.
誤審(오심) 잘못 심리하거나 심판함. 또는 그런 심리나 심판.
誤解(오해) 그릇되게 해석하거나 뜻을 잘못 앎. 또는 그런 해석이나 이해.

玉	玉 0획	玉		
구슬 옥	` ` 干 王 玉			

玉璽(옥새) 옥으로 만든 국새. 국새의 미칭(美稱).
玉石(옥석) 옥과 돌이라는 뜻으로, 좋은 것과 나쁜 것을 구분함을 이르는 말.
玉篇(옥편) 543년에 중국 양나라의 고야왕이 편찬한 자전.

屋	尸 6획	屋		
집 옥	` ` 尸 尸 居 居 屋 屋			

屋上(옥상) 지붕의 위. 특히 현대식 양옥 건물에서 마당처럼 편평하게 만든 지붕 위.
屋外(옥외) 집 또는 건물의 밖.
家屋(가옥) 사람이 사는 집.

溫	氵 10획	溫		
따뜻할 온	氵 沪 沪 沪 沪 溫 溫			

溫氣(온기) 따뜻한 기운.
溫突(온돌) 화기(火氣)가 방 밑을 통과하여 방을 덥히는 장치.
溫情(온정) 따뜻한 사랑이나 인정.

瓦	瓦 0획	瓦		
기와 와	` 厂 瓦 瓦 瓦			

瓦家(와가) 기와로 지붕을 인 집. 기와집.
瓦工(와공) 기와를 굽는 사람.
瓦當(와당) 추녀 끝에 덮는 기와. 막새와 내림새의 끝에 둥글거나 반원꼴로 되거나, 좁고 굽은 전이 붙어서 무늬가 있는 부분.

臥	臣 2획	臥		
누울 와	厂 丂 ᄐ 戹 臣 臥 臥			

臥起(와기) 잠자리에서 일어남.
臥病(와병) 병으로 자리에 누움. 또는 병을 앓고 있음.
臥床(와상) 베개의 위.

完	宀 4획	完		
완전할 완	` ` 宀 宀 宁 完 完			

完結(완결) 완전하게 끝을 맺음.
完璧(완벽) 흠이 없는 구슬이라는 뜻으로, 결함이 없이 완전함을 이르는 말.
完全(완전) 필요한 것이 모두 갖추어져 모자람이나 흠이 없음.

曰	曰 0획	曰		
가로 왈	ᅵ ᄀ 冂 曰			

曰牌(왈패) 말이나 행동이 단정하지 못하고 수선스럽고 거친 사람.
予曰(여왈) 내게 말하기를.
或曰(혹왈) 어떤 이가 말하는 바. 혹은 이르기를.

附和雷同 (부화뇌동): '우레 소리에 맞추어 함께 한다' 로 아무런 주견이 없이 남의 의견이나 행동에 덩달아 따름.

王	王 0획	王			

임금 왕 ー ニ 千 王

王家(왕가) 왕의 집안.
王陵(왕릉) 임금의 무덤.
王朝(왕조) 같은 왕가에 속하는 통치자의 계열. 또는 그 왕가가 다스리는 시대.

往	彳 5획	往			

갈 왕 ノ ノ イ イ 彳 彳 徍 往

往來(왕래) 가고 오고 함.
往復(왕복) 갔다가 돌아옴.
往診(왕진) 의사(醫師)가 병원 밖의 환자(患者)가 있는 곳으로 가서 진료함.

外	夕 2획	外			

바깥 외 ノ ク タ 外 外

外觀(외관) 겉으로 드러난 모양.
外貌(외모) 겉으로 드러나 보이는 모양.
外戚(외척) 어머니 쪽의 친척. 같은 본을 가진 사람 이외의 친척.

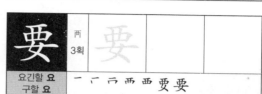

要	襾 3획	要			

요긴할 요
구할 요 ー ニ 戸 両 西 要 要

要件(요건) 긴요한 일이나 안건. 필요한 조건.
要求(요구) 받아야 할 것을 필요에 의하여 달라고 청함. 또는 그 청.
要請(요청) 필요한 어떤 일이나 행동을 청함. 또는 그런 청.

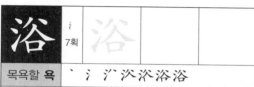

浴	氵 7획	浴			

목욕할 욕 ` 氵 氵 浂 浴 浴 浴

浴室(욕실) 목욕할 수 있도록 시설을 갖춘 방.
浴槽(욕조) 목욕을 할 수 있도록 물을 담는 용기.
沐浴(목욕) 머리를 감으며 온몸을 씻는 일.

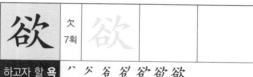

欲	欠 7획	欲			

하고자 할 욕 ノ 父 谷 谷 谷 欲 欲

欲求(욕구) 무엇을 얻거나 무슨 일을 하고자 바라는 일.
欲望(욕망) 부족을 느껴 무엇을 가지거나 누리고자 탐함. 또는 그런 마음.
欲心(욕심) 분수에 넘치게 무엇을 탐내거나 누리고자 하는 마음.

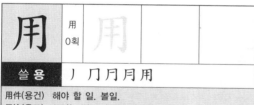

用	用 0획	用			

쓸 용 ノ 刀 月 月 用

用件(용건) 해야 할 일. 볼일.
用途(용도) 쓰이는 길. 또는 쓰이는 곳.
用語(용어) 일정한 분야에서 주로 사용하는 말.

勇	力 7획	勇			

날랠 용
용감할 용 ー マ 丙 面 甬 勇

勇敢(용감) 용기가 있으며 씩씩하고 기운참.
勇猛(용맹) 용감하고 사나움.
勇退(용퇴) 용기 있게 물러남. 후진에게 길을 열어 주기 위하여 스스로 관직 따위에서 물러남.

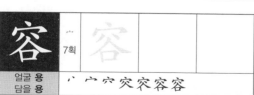

容	宀 7획	容			

얼굴 용
담을 용 ` 宀 宀 宀 突 突 容 容

容納(용납) 너그러운 마음으로 남의 말이나 행동을 받아들임. 어떤 물건이나 상황을 받아들임.
容貌(용모) 사람의 얼굴 모양.
容恕(용서) 지은 죄나 잘못한 일을 꾸짖거나 벌하지 아니하고 덮어 줌.

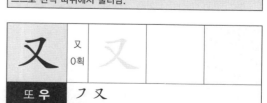

又	又 0획	又			

또 우 フ 又

又賴(우뢰) 의뢰받은 사람이 또 다른 사람에게 의뢰함.
又曰(우왈) 또 말하기를. 다시 이르되.
又況(우황) 하물며.

• 粉骨碎身(분골쇄신): '뼈는 가루가 되고 몸은 산산조각이 된다'는 뜻. 뼈가 가루가 되고 몸이 부서지도록 노력함.

于 二 1획

어조사 **우** 一二于

于歸(우귀) 전통 혼례에서, 대례(大禮)를 마치고 3일 후 신부가 처음으로 시집에 들어감.
于今(우금) 지금에 이르기까지.
于先(우선) 어떤 일에 앞서서. 아쉬운 대로.

友 又 2획

벗 **우** 一ナ方友

友愛(우애) 형제간 또는 친구 간의 사랑이나 정분.
友誼(우의) 친구 사이의 정의(情誼).
友情(우정) 친구 사이의 정.

尤 尢 1획

더욱 **우**
탓할 **우** 一ナ九尤

尤極(우극) 더욱. 더욱 심하게.
尤甚(우심) 더욱 심함.
尤悔(우회) 잘못과 뉘우침을 아울러 이르는 말.

牛 牛 0획

소 **우** ノ 一 二 牛

牛耕(우경) 소로 밭을 갊.
牛馬(우마) 소와 말.
牛乳(우유) 소의 젖. 백색으로, 살균하여 음료로 마시며 아이스크림, 버터, 치즈 따위의 원료로 사용.

右 口 2획

오른쪽 **우** ノナ 右 右 右

右翼(우익) 새나 비행기 따위의 오른쪽 날개. 대열의 오른쪽.
右側(우측) 오른쪽.
右派(우파) 우익의 당파. 어떤 단체나 정당 따위의 내부에서 보수주의적이거나 온건주의적 경향을 지닌 파.

宇 宀 3획

하늘 **우**, 집 **우** 丶 宀 宀 宀 宀 宇

宇宙(우주) 무한한 시간과 만물을 포함하고 있는 끝없는 공간의 총체.
玉宇(옥우) 천제가 사는 집이라는 뜻으로, '하늘'을 이르는 말.
姿宇(자우) 모양새와 품격.

雨 雨 0획

비 **우** 一 一 一 一 雨 雨 雨 雨

雨量(우량) 일정 기간 동안 일정한 곳에 내린 비의 분량. =강우량
雨露(우로) 비와 이슬을 아울러 이르는 말
雨水(우수) 비가 와서 고이거나 모인 물. =빗물

遇 辶 9획

만날 **우**
대접할 **우** 丶 丨 冂 日 旦 禺 禺 禺 遇 遇

境遇(경우) 사리나 도리. 놓여 있는 조건이나 놓이게 된 형편이나 사정.
待遇(대우) 어떤 사회적 관계나 태도로 대하는 일. 직장에서의 지위나 급료 따위의 근로 조건.
處遇(처우) 조처하여 대우함. 또는 그런 대우.

憂 心 11획

근심 **우** 一 一 百 百 直 惪 夢 憂

憂慮(우려) 근심하거나 걱정함. 또는 그 근심과 걱정.
憂鬱(우울) 근심스럽거나 답답하여 활기가 없음.
憂患(우환) 근심이나 걱정되는 일. 질병. 가족 가운데 병자 있는 가정.

云 二 2획

이를 **운** 一 二 云 云

云云(운운) 글이나 말을 인용하거나 생략할 때에, 이러이러하다고 말함의 뜻으로 쓰는 말. 여러 가지의 말.
云爲(운위) 말과 행동을 아울러 이르는 말.
或云(혹운) 어떠한 사람이 말하는 바.

不問曲直(불문곡직): 옳고 그름을 따지지 아니함. •

雲	雨 4획	雲		
구름 운	一 亻 亇 币 雨 雫 雲 雲 雲			

雲橋(운교) 구름다리. 도로나 계곡 따위를 건너질러 공중에 걸쳐
놓은 다리.
雲霧(운무) 구름과 안개를 아울러 이르는 말.
雲海(운해) 구름이 덮인 바다.

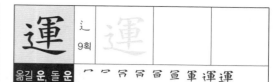

運	辶 9획	運		
옮길 운, 돌 운	一 冖 冃 骨 骨 冒 軍 軍 運 運			

運動(운동) 사람이 몸을 단련하거나 건강을 위하여 몸을 움직이
는 일. 어떤 목적을 이루려고 힘쓰는 일. 또는 그런 활동.
運搬(운반) 물건 따위를 옮겨 나름.
運轉(운전) 기계나 자동차 따위를 움직여 부림.

雄	隹 4획	雄		
수컷 웅 뛰어날 웅	一 ナ ナ 広 赵 越 雄 雄 雄			

雄大(웅대) 웅장하고 큼.
雄辯(웅변) 조리가 있고 막힘이 없이 당당하게 말함. 또는 그런 말이
나 연설.
雄壯(웅장) 규모 따위가 거대하고 성대함.

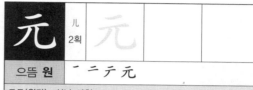

元	儿 2획	元		
으뜸 원	一 二 テ 元			

元旦(원단) 설날 아침.
元首(원수) 국가 원수.
元素(원소) 집합을 이루는 낱낱의 요소. 모든 물질을 구성하는
기본적 요소.

怨	心 5획	怨		
원망할 원	ク タ タ 夗 怨 怨			

怨望(원망) 못마땅하게 여기어 탓하거나 불평을 품고 미워함.
怨聲(원성) 원망하는 소리.
怨讐(원수) 원한이 맺힐 정도로 자기에게 해를 끼친 사람이나 집단.

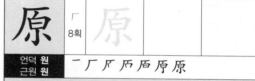

原	厂 8획	原		
언덕 원 근원 원	一 厂 厂 厈 厇 盾 原 原			

原理(원리) 사물의 근본이 되는 이치. 행위의 규범.
原因(원인) 어떤 일의 근본(根本)이 되는 까닭.
原則(원칙) 어떤 행동이나 이론 따위에서 일관되게 지켜야 하는
기본적인 규칙이나 법칙.

圓	囗 10획	圓		
둥글 원	l 冂 冂 冋 同 圎 圓 圓			

圓滿(원만) 성격이 모난 데가 없이 부드럽고 너그러움. 일의 진
행이 순조로움.
圓卓(원탁) 둥근 탁자.
圓滑(원활) 거침이 없이 잘되어 나가는 상태에 있음.

園	囗 10획	園		
동산 원	冂 門 周 周 園 園 園			

園林(원림) 정원이나 공원의 숲.
園藝(원예) 채소, 과일, 화초 따위를 심고 가꾸는 일이나 기술.
公園(공원) 국가나 지방 공공 단체가 공중의 보건·휴양·놀이
따위를 위하여 마련한 정원, 유원지, 동산 등의 사회 시설.

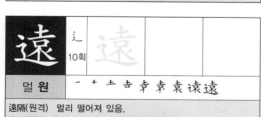

遠	辶 10획	遠		
멀 원	一 十 土 吉 亭 责 袁 读 遠			

遠隔(원격) 멀리 떨어져 있음.
遠近(원근) 멀고 가까움. 먼 곳과 가까운 곳.
遠征(원정) 먼 곳으로 싸우러 나감. 먼 곳으로 운동 경기 따위를
하러 감.

願	頁 10획	願		
원할 원	一 厂 厏 原 原 願 願 願			

願書(원서) 지원하거나 청원하는 내용을 적은 서류.
民願(민원) 주민이 행정 기관에 대하여 원하는 바를 요구하는 일.
所願(소원) 바라고 원함. 또는 바라고 원하는 일.

• 焚書坑儒(분서갱유): 가혹한 법과 혹독한 정치로 책을 불사르고 선비들을 구덩이에 묻어 죽인 진시황의 일.

月	月 0획	月		
달 **월**	ﾉ 刀 月 月			

月刊(월간) 한 달에 한 번씩 정해 놓고 책 따위를 발행하는 일.
月給(월급) 한 달을 단위로 하여 지급하는 급료. 또는 그런 방식.
月末(월말) 그달의 끝 무렵.

危	卩 4획	危		
위태할 **위**	ﾉ ﾒ 夕 产 方 危			

危機(위기) 위험한 고비나 시기.
危殆(위태) 어떤 형세가 마음을 놓을 수 없을 만큼 위험함.
危險(위험) 해로움이나 손실이 생길 우려가 있음. 또는 그런 상태.

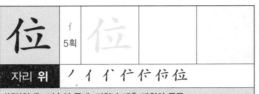

位	亻 5획	位		
자리 **위**	ﾉ 亻 亻 イ 什 位 位			

位階(위계) 벼슬의 품계. 지위나 계층 따위의 등급.
位相(위상) 어떤 사물이 다른 사물과의 관계 속에서 가지는 위치나 상태.
位置(위치) 일정한 곳에 자리를 차지함. 또는 그 자리.

威	女 6획	威		
위엄 **위** 으를 **위**	ﾉ 厂 厂 反 反 反 威 威			

威力(위력) 상대를 압도할 만큼 강력함. 또는 그런 힘.
威嚴(위엄) 존경할 만한 위세가 있어 점잖고 엄숙함. 또는 그런 태도나 기세.
威脅(위협) 힘으로 으르고 협박함.

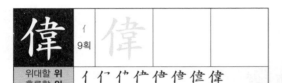

偉	亻 9획	偉		
위대할 **위** 훌륭할 **위**	亻 亻 伊 伊 偉 偉 偉 偉			

偉大(위대) 도량이나 능력, 업적 따위가 뛰어나고 훌륭함.
偉業(위업) 위대한 사업이나 업적.
偉人(위인) 뛰어나고 훌륭한 사람.

爲	爪 8획	爲		
할 **위**	爫 爫 产 严 爲 爲 爲			

爲政(위정) 정치를 행함.
爲主(위주) 으뜸으로 삼음.
行爲(행위) 사람이 의지를 가지고 하는 짓. 법률상의 효과 발생의 원인이 되는 의사(意思) 활동.

由	田 0획	由		
까닭 **유** 말미암을 **유**	ﾉ 冂 冂 由 由			

由來(유래) 사물이나 일이 생겨남. 또는 그 사물이나 일이 생겨난 바.
由致(유치) 부처나 보살을 청할 때 그 까닭을 먼저 말하는 일.
由限(유한) 말미를 얻은 기한.

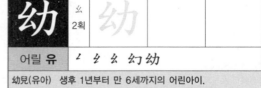

幼	幺 2획	幼		
어릴 **유**	幺 幺 幺 幻 幼			

幼兒(유아) 생후 1년부터 만 6세까지의 어린아이.
幼蟲(유충) 애벌레.
幼稚(유치) 나이가 어림. 수준이 낮거나 미숙함.

有	月 2획	有		
있을 **유**	ﾉ ナ 广 ナ 有 有			

有利(유리) 이익이 있음.
有名(유명) 이름이 세상(世上)에 널리 알려져 있음.
有效(유효) 보람이나 효과가 있음.

酉	酉 0획	酉		
닭 **유**	一 厂 冂 酉 酉 酉 酉			

酉時(유시) 오후(午後) 다섯 시부터 일곱 시까지의 시각.
癸酉(계유) 육십갑자(六十甲子)의 열째.
乙酉(을유) 육십갑자의 스물둘째.

不撓不屈(불요불굴): 한번 결심한 마음이 흔들거리거나 굽힘이 없이 억셈.

油
氵 5획

기름 **유**

氵 氵 氵 汩 汩 油 油

油價(유가) 석유(石油)의 가격.
油類(유류) 기름 종류. 석유, 휘발유나 참기름, 콩기름 등의 총칭.
油田(유전) 석유(石油)가 나는 지역.

柔
木 5획

부드러울 **유**

マ 予 予 矛 柔 柔 柔

柔道(유도) 두 사람이 맨손으로 맞잡고 상대편이 공격해 오는 힘을 이용하여 던져 넘어뜨리거나 조르거나 눌러 승부를 겨루는 운동.
柔弱(유약) 몸이나 마음이 약함.
柔軟(유연) 부드럽고 연함.

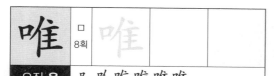

唯
口 8획

오직 **유**

口 미 미 미 唯 唯

唯獨(유독) 오직 홀로.
唯物(유물) 물질적인 것을 실재하는 것 또는 중심적인 것이라고 보며, 마음은 물질의 작용에 지나지 아니한다고 생각하는 입장.
唯一(유일) 오직 그것 하나뿐임.

猶
犭 9획

망설일 **유**
오히려 **유**

ノ 犭 犭 犭 犹 猶 猶

猶女(유녀) 딸과 같다는 뜻으로, '조카딸'을 달리 이르는 말.
猶孫(유손) 형제(兄弟)의 자손.
猶子(유자) 자식과 같다는 뜻으로, '조카'를 달리 이르는 말.

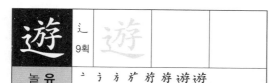

遊
辶 9획

놀 **유**

亠 方 方 方 㫃 斿 游 遊

遊覽(유람) 놀면서 봄. 두루 돌아다니며 구경함.
遊說(유세) 자기 의견 또는 자기 소속 정당의 주장을 선전하며 돌아다님.
遊興(유흥) 흥겹게 놂.

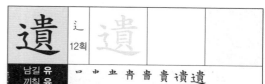

遺
辶 12획

남길 **유**
끼칠 **유**

口 中 虫 冉 書 貴 遺 遺

遺憾(유감) 마음에 남는 섭섭함.
遺産(유산) 죽은 사람이 남겨 놓은 재산. 앞 세대가 물려준 문화.
遺跡(유적) 남아 있는 자취. 건축물이나 싸움터 또는 역사적인 사건이 벌어졌던 곳이나 패총, 고분 따위.

肉
肉 0획

몸 **육**, 고기 **육**

丨 冂 内 内 肉 肉

肉鷄(육계) 주로 고기를 얻으려고 살지게 기르는 닭.
肉類(육류) 먹을 수 있는 짐승의 고기 종류.
肉體(육체) 구체적인 물체로서 사람의 몸.

育
月 4획

기를 **육**

亠 亡 云 产 育 育 育

育成(육성) 가르쳐서 기르는 것. 길러 자라게 하는 것.
育兒(육아) 어린아이를 기름.
育英(육영) 영재(英才)를 가르쳐 기름. 곧, 교육(敎育)을 일컬음.

恩
心 6획

은혜 **은**

冂 冃 冈 因 因 恩 恩

恩功(은공) 은혜와 공로를 아울러 이르는 말.
恩師(은사) 은혜를 베풀어 준 스승이라는 뜻으로 스승을 감사한 마음으로 이르는 말.
恩惠(은혜) 자연(自然)이나 남에게서 받는 고마운 혜택.

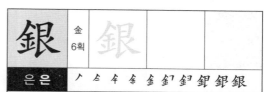

銀
金 6획

은 **은**

ノ 乍 今 金 金 釕 鈩 鉬 鉬 銀

銀錢(은전) 은으로 만든 돈.
銀河(은하) 온 하늘을 두른 구름 띠 모양의 천체의 무리.
銀行(은행) 예금을 받아 그 돈을 자금으로 하여 대출, 어음 거래, 증권의 인수 따위를 업무로 하는 금융 기관.

• 悲憤慷慨(비분강개): 슬프고 분해 치밀어 오르는 마음.

乙 | 乙 0획
천간 을 / 새 을
乙

乙未(을미) 육십갑자의 서른둘째.
乙巳(을사) 육십갑자(甲子)의 마흔둘째.
乙酉(을유) 육십갑자의 스물둘째.

吟 | 口 4획
읊을 음 / 읊을 음
ノ 丨 口 口 吟 吟 吟

吟味(음미) 시나 노래를 읊어 그 맛을 봄. 사물의 의미를 새겨 궁구함.
吟詠(음영) 시부를 읊조림.
吟遊(음유) 시를 지어 읊으며 여기저기 떠돌아다님.

音 | 音 0획
소리 음
音感(음감) 음에 대한 감수성.
音盤(음반) 오디오 기기를 통해 소리를 들을 수 있게 만든 물건.
音樂(음악) 박자, 가락, 음성 따위를 갖가지 형식으로 조화하고 결합하여, 목소리나 악기를 통하여 사상 또는 감정을 나타내는 예술.

陰 | 阝 8획
그늘 음
陰曆(음력) 태음력(太陰曆)의 준말.
陰謀(음모) 남이 모르게 일을 꾸미는 악(惡)한 꾀.
陰陽(음양) 우주 만물의 서로 반대되는 두 가지 기운으로서 이원적 대립 관계를 나타내는 것.

飮 | 食 4획
마실 음
飮料(음료) 물, 술 등(等) 마시는 것의 총칭.
飮食(음식) 먹는 것과 마시는 것.
飮酒(음주) 술을 마심.

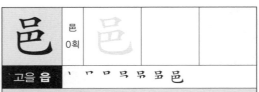

邑 | 邑 0획
고을 읍
邑內(읍내) 읍의 안.
邑民(읍민) 읍내(邑內)에 사는 사람.
邑長(읍장) 읍의 행정 사무를 통할하는 우두머리.

泣 | 氵 5획
울 읍
泣感(읍감) 감격하여 목메어 욺. =감읍
泣哭(읍곡) 소리내어 슬피 울음.
泣訴(읍소) 눈물로써 간절히 하소연함.

應 | 心 13획
응할 응
應急(응급) 급한 대로 우선 처리함. 또는 급한 정황에 대처함.
應答(응답) 부름이나 물음에 응하여 답함.
應援(응원) 운동 경기 따위에서, 선수들이 힘을 낼 수 있도록 도와주는 일.

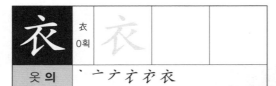

衣 | 衣 0획
옷 의
衣類(의류) 옷 등속(等屬)을 통틀어 이르는 말.
衣服(의복) 몸을 싸서 가리거나 보호하기 위하여 피륙 따위로 만들어 입는 물건. =옷
衣食(의식) 의복과 음식을 아울러 이르는 말.

矣 | 矢 2획
어조사 의
矣夫(의부) 감탄(感歎)의 허자.
矣哉(의재) ~이런가. ~인가.
矣乎(의호) 감탄(感歎)의 허자.

四分五裂(사분오열): 여러 쪽으로 찢어짐 어지럽게 분열됨.

依	亻 6획	依		
의지할 의	イ イ ′ 个 佗 依 依 依			

依賴(의뢰) 남에게 부탁함.
依存(의존) 다른 것에 의지하여 존재함.
依支(의지) 다른 것에 마음을 기대어 도움을 받음. 또는 그렇게 하는 대상. 다른 것에 몸을 기댐.

意	心 9획	意		
뜻 의	亠 亠 立 咅 音 意 意			

意見(의견) 어떤 대상에 대하여 가지는 생각.
意味(의미) 말이나 글의 뜻. 행위나 현상이 지닌 뜻. 사물이나 현상의 가치.
意識(의식) 깨어 있는 상태에서 자기 자신이나 사물에 대하여 인식하는 작용.

義	羊 7획	義		
옳을 의 뜻 의	′ ′′ ′′ ′′ ′′ 羊 羊 義 義 義			

義理(의리) 사람으로서 마땅히 지켜야 할 도리. 사람과의 관계에서 지켜야 바른 도리.
義務(의무) 사람으로서 마땅히 하여야 할 일. 곧 맡은 직분.
義士(의사) 의리(義理)와 지조(志操)를 굳게 지키는 사람.

醫	酉 11획	醫		
의원 의	一 匸 医 医 医 殹 殹 殹 殹 醫			

醫療(의료) 의술로 병을 고침. 또는 그런 일.
醫師(의사) 일정한 자격을 가지고 병을 고치는 것을 직업으로 하는 사람.
名醫(명의) 병을 잘 고쳐 이름난 의원이나 의사.

議	言 13획	議		
의논할 의	言 言 訂 訐 謙 謙 議 議 議 議			

議論(의논) 어떤 일에 대하여 서로 의견을 주고받음.
議席(의석) 회의하는 자리. 의회 따위에서 의원이 앉는 자리.
議題(의제) 회의에서 의논할 문제.

二	二 0획	二		
두 이	一 二			

二重(이중) 두 겹. 또는 두 번 거듭되거나 겹침.
二親(이친) 부친과 모친을 아울러 이르는 말. =양친
二品(이품) 벼슬의 둘째 품계.

己	己 0획	己		
뿐 이 이미 이	一 コ 己			

己決(이결) 이미 결정했거나 결정됨.
己甚(이심) 지나치게 심함. 정도에 지나침.
己往(이왕) 오래 전. 그 전.

以	人 3획	以		
써 이	丨 レ レ 以 以			

以內(이내) 일정한 범위의 안. 시간과 공간에 다 쓰임.
以上(이상) 순서나 위치가 일정한 기준보다 앞이나 위. 수량이나 정도가 일정한 기준보다 더 많거나 나음.
以後(이후) 일정한 때로부터 그 뒤.

而	而 0획	而		
말이을 이 뿐 이	一 ′′ ′ 丙 而 而			

而今(이금) 이제 와서.
而立(이립) 30세를 일컬음.
而已(이이) ～할 따름. ～뿐임. ～일 따름임.

耳	耳 0획	耳		
귀 이	一 ′′ F F 王 耳			

耳鳴(이명) 몸 밖에 음원(音源)이 없는데도 잡음이 들리는 병적인 상태. =귀울림
耳目(이목) 귀와 눈을 아울러 이르는 말. 주의나 관심.
耳鼻(이비) 귀와 코를 아울러 이르는 말.

● 沙上樓閣(사상누각): '모래 위의 누각'으로 실현 불가능한 일 따위를 비유하여 이르는 말.

異	田 6획	異		
다를 **이**		` ｜ 口 田 田 再 異 異 異 `		

異見(이견) 서로 다른 의견. 색다른 의견.
異端(이단) 자기가 믿는 이외의 도(道). 전통이나 권위에 반항하는 주장이나 이론.
異變(이변) 괴이한 변고.

移	禾 6획	移		
옮길 **이**		` ニ 千 禾 禾 秒 秒 移 移 `		

移動(이동) 움직여 옮김.
移徙(이사) 집을 옮김.
移轉(이전) 장소나 주소 따위를 다른 데로 옮김. 권리 따위를 남에게 넘겨주거나 또는 넘겨받음.

貳	貝 5획	貳		
두 **이**		` 一 二 弍 亐 音 貳 貳 貳 `		

貳臣(이신) 두 가지 마음을 가진 신하.
貳心(이심) 배반(背反)하는 마음.
貳十(이십) 열의 두 배.

益	皿 5획	益		
더할 **익** 이익 **익**		` ノ 八 八 分 谷 谷 益 益 `		

利益(이익) 물질적으로나 정신적으로 보탬이 되는 것.
國益(국익) 나라의 이익.
收益(수익) 이익을 거두어들임. 또는 그 이익.

人	人 0획	人		
사람 **인**		` ノ 人 `		

人權(인권) 인간으로서 당연히 가지는 기본적 권리.
人氣(인기) 어떤 대상에 쏠리는 대중의 높은 관심이나 좋아하는 기운.
人物(인물) 생김새나 됨됨이로 본 사람. 일정한 상황에서 어떤 역할을 하는 사람. 뛰어난 사람.

仁	亻 2획	仁		
어질 **인**		` ノ 亻 仁 仁 `		

仁德(인덕) 어진 덕.
仁慈(인자) 마음이 어질고 자애로움. 또는 그 마음.
仁術(인술) 사람을 살리는 어진 기술이라는 뜻으로, '의술(醫術)'을 이르는 말.

引	弓 1획	引		
떠맡을 **인** 끌 **인**		` ˊ ˉ 弓 引 `		

引上(인상) 끌어 올림. 물건 값을 올림.
引受(인수) 물건이나 권리를 건네받음.
引下(인하) 물건 따위를 끌어내림. 가격 따위를 낮춤.

因	口 3획	因		
까닭 **인** 인할 **인**		` ｜ 冂 冂 闬 因 因 `		

因果(인과) 원인과 결과.
因緣(인연) 사람들 사이에 맺어지는 관계. 어떤 사물과 관계되는 연줄.
因子(인자) 어떤 사물의 원인이 되는 낱낱의 요소나 물질.

印	卩 4획	印		
찍을 **인** 도장 **인**		` ˊ ˊ ꞁ ㅌ 印 印 `		

印象(인상) 어떤 대상을 보거나 듣거나 하였을 때, 그 대상이 사람의 마음에 주는 느낌.
印刷(인쇄) 잉크를 사용하여 판면(版面)에 그려져 있는 글이나 그림 따위를 종이, 천 따위에 박아 냄.
印章(인장) 도장.

忍	心 3획	忍		
참을 **인**		` フ 刀 刃 忍 忍 忍 `		

忍苦(인고) 괴로움을 참음.
忍耐(인내) 괴로움이나 어려움을 참고 견딤.
忍辱(인욕) 어떤 모욕(侮辱)이나 박해(迫害)에도 견디어 마음을 움직이지 아니함.

辭讓之心(사양지심): 겸손히 마다하며 받지 않거나 남에게 양보하는 마음. 仁(인)의 근본이다. •

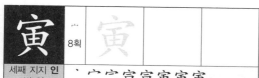

寅 宀 8획

세째 지지 인
범 인
`丶 宀 宀 宁 宙 宙 宙 寅`

寅時(인시) 십이시의 셋째 번 시. 24시의 다섯째 시. 오전 3시 30분에서 4시 30분까지.
寅月(인월) 음력(陰曆) 정월(正月)을 달리 이르는 말.
寅日(인일) 일진(日辰)의 지지가 인으로 된 날.

認 言 7획

인정할 인
`ㄴ ㄹ 言 訒 認 認 認`

認識(인식) 사물을 분별하고 판단하여 앎.
認定(인정) 확실히 그렇다고 여김.
認知(인지) 어떤 사실을 인정하여 앎.

一 一 0획

한 일
`一`

一般(일반) 특별하지 아니하고 평범한 수준. 또는 그런 사람들.
一部(일부) 전체의 한 부분.
一定(일정) 어떤 것의 크기, 모양, 범위, 시간 따위가 하나로 정하여져 있음.

日 日 0획

해 일
`ㅣ 冂 日 日`

日記(일기) 그날그날 겪은 일이나 생각, 느낌 따위를 적는 개인의 기록.
日常(일상) 날마다 반복되는 생활.
日程(일정) 일정한 기간 동안 해야 할 일의 계획을 날짜별로 짜 놓은 것. 또는 그 계획.

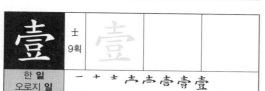

壹 士 9획

한 일
오로지 일
`一 十 士 声 声 壹 壹 壹`

壹萬(일만) 천의 열 배.
壹是(일시) 모두. 일체. 오로지. 모두 한결같이.
壹意(일의) 한 가지에만 정신을 쏟음.

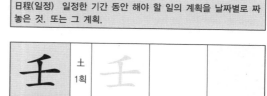

壬 士 1획

북방 임
아홉째 천간 임
`ノ 二 千 壬`

壬戌(임술) 육십갑자(六十甲子)의 쉰아홉째.
壬辰(임진) 육십갑자(六十甲子)의 스물아홉째.
壬亂(임란) 임진왜란(壬辰倭亂)의 준말.

入 入 0획

들 입
`ノ 入`

入選(입선) 출품한 작품이 심사에 합격하여 뽑힘.
入試(입시) 입학생을 선발하기 위하여 치르는 시험. =입학시험
入學(입학) 학교에 들어감.

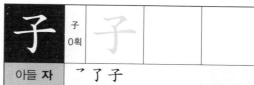

子 子 0획

아들 자
`ㄱ 了 子`

子息(자식) 부모가 낳은 아이를, 그 부모에 상대하여 이르는 말.
子女(자녀) 아들과 딸을 아울러 이르는 말.
子孫(자손) 자식과 손자를 아울러 이르는 말.

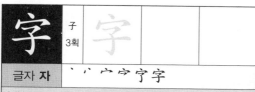

字 子 3획

글자 자
`丶 丷 宀 宀 宁 字`

字幕(자막) 영화나 텔레비전에서 관객이나 시청자가 읽을 수 있도록 화면에 비추는 글자.
字母(자모) 한 개의 음절을 자음과 모음으로 갈라서 적을 수 있는 낱낱의 글자.
字源(자원) 글자가 구성(構成)된 근원.

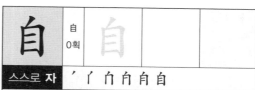

自 自 0획

스스로 자
`丶 丿 冂 自 自 自`

自身(자신) 그 사람의 몸 또는 바로 그 사람을 이르는 말.
自然(자연) 사람의 힘을 더하지 않는 천연 그대로의 상태.
自由(자유) 외부적인 구속이나 무엇에 얽매이지 아니하고 자기 마음대로 할 수 있는 상태.

• 桑田碧海(상전벽해): '뽕나무 밭이 푸른 바다가 되었다'는 의미로 세상일의 변천이 심함을 비유하는 말.

姉	女 5획	姉			

누이 **자** ㄴ ㄴ 女 女' 妒 妒 姉

姉妹(자매) 여자끼리의 동기(同氣). 언니와 여동생 사이를 이름.
姉夫(자부) 손위 누이의 남편을 이르거나 부르는 말. =매형
姉兄(자형) 매형.

者	⺹ 5획	者			

놈 **자** 一 十 土 少 者 者 者

關係者(관계자) 어떤 일에 관련이 있는 사람.
消費者(소비자) 재화를 소비하는 사람.
有權者(유권자) 권리나 권력을 가진 사람.

慈	心 10획	慈			

사랑 **자** ㅛ ㅛ ㅛ ㅛ 兹 慈 慈

慈悲(자비) 남을 깊이 사랑하고 가엾게 여김. 또는 그렇게 여겨서 베푸는 혜택.
慈善(자선) 남을 불쌍히 여겨 도와줌.
慈愛(자애) 아랫사람에게 베푸는 도타운 사랑.

作	亻 5획	作			

지을 **작** ノ 亻 亻 亻 作 作 作

作家(작가) 문학 작품, 사진, 그림, 조각 따위의 예술품을 창작하는 사람.
作成(작성) 서류, 원고 따위를 만듦. 운동 경기 따위에서, 기록에 남길 만한 일을 이루어 냄.
作用(작용) 어떠한 현상을 일으키거나 영향을 미침.

昨	日 5획	昨			

지날 **작**
어제 **작** ㅣ 冂 日 旷 旷 昨 昨

昨今(작금) 어제와 오늘. 요즈음.
昨年(작년) 지난해.
昨歲(작세) 지난해.
昨春(작춘) 지난봄.

壯	士 4획	壯			

씩씩할 **장** ㅣ 丬 丬 壮 壯 壯 壯

壯觀(장관) 훌륭하고 장대한 광경.
壯談(장담) 확신을 가지고 아주 자신 있게 말함. 또는 그런 말.
壯士(장사) 몸이 우람하고 힘이 아주 센 사람.

長	長 0획	長			

길 **장**, 어른 **장** ㅣ 厂 F 토 長 長 長

長官(장관) 국무를 나누어 맡아 처리하는 행정 각 부의 우두머리.
長短(장단) 길고 짧음.
長點(장점) 좋거나 잘하거나 긍정적인 점.

章	立 6획	章			

글 **장** 亠 亠 立 音 音 童 章

文章(문장) 생각·느낌·사상(思想) 등을 글로 표현(表現)한 것.
圖章(도장) 일정한 표적으로 삼기 위해 개인, 단체, 관직 따위의 이름을 나무 등에 새겨 문서에 찍도록 만든 물건.
腕章(완장) 팔 부분(部分)에 두르는 표장.

將	寸 8획	將			

장수 **장**
장차 **장** ㅣ 爿 爿' 护 护 將 將

將校(장교) 육해공군의 소위 이상의 군인.
將軍(장군) 군의 우두머리로 군을 지휘하고 통솔하는 무관.
將來(장래) 다가올 앞날. 앞으로의 가능성이나 전망.

場	土 9획	場			

마당 **장** 一 土 圹 圯 坦 場 場

場面(장면) 어떤 장소에서 겉으로 드러난 면이나 벌어진 광경.
場所(장소) 어떤 일이 이루어지거나 일어나는 곳.
立場(입장) 당면하고 있는 상황.

胥動浮言(서동부언): 거짓말을 퍼뜨려 인심을 선동함. ●

才	才 0획	才		
재주 재	一 十 才			

才能(재능) 어떤 일을 하는 데 필요한 재주와 능력.
才量(재량) 재주와 도량.
才質(재질) 재주와 기질을 아울러 이르는 말.

在	土 3획	在		
있을 재	一 ナ ナ 疒 存 在			

在庫(재고) 창고 따위에 쌓여 있음.
在位(재위) 임금의 자리에 있음. 또는 그런 동안.
在籍(재적) 학적, 병적 따위의 명부(名簿)에 이름이 올라 있음.

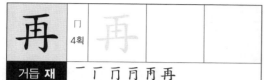

再	冂 4획	再		
거듭 재	一 冂 冂 冃 再 再			

再建(재건) 허물어진 건물이나 조직 따위를 다시 일으켜 세움.
再演(재연) 연극이나 영화 다시 상연하거나 상영함. 한 번 하였던 행위나 일을 다시 되풀이함.
再編(재편) 재편성(再編成)의 준말.

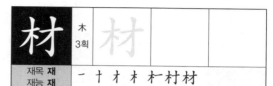

材	木 3획	材		
재목 재 재능 재	一 十 才 木 杧 村 材			

材料(재료) 물건을 만드는 데 들어가는 감.
材木(재목) 목조의 건축물·기구 따위를 만드는 데 쓰는 나무. 어떤 일을 할 수 있는 능력을 가졌거나 어떤 직위에 합당한 인물.
材質(재질) 재료가 가지는 성질.

哉	口 6획	哉		
어조사 재	十 土 吉 吉 哉 哉 哉			

善哉(선재) 좋다, 좋구나의 뜻.
哀哉(애재) '슬프도다'의 뜻으로, 슬퍼서 울고 싶은 상태일 때 하는 말.
快哉(쾌재) 마음먹은 대로 잘되어 만족스럽게 여김.

栽	木 6획	栽		
심을 재	十 土 圡 圭 耒 莱 栽 栽			

栽培(재배) 식물을 심어 가꿈.
栽植(재식) 농작물(農作物)이나 초목(草木) 따위를 심음.
盆栽(분재) 줄기나 가지를 보기 좋게 가꾸어 감상하는 초목.

財	貝 3획	財		
재물 재	丨 冂 目 貝 貝 貯 財 財			

財閥(재벌) 재계(財界)에서 여러 개의 기업을 거느리며 막강한 재력과 거대한 자본을 가지고 있는 자본가·기업가의 무리.
財産(재산) 재화와 자산을 통틀어 이르는 말.
財源(재원) 재화나 자금이 나올 원천.

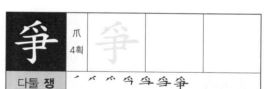

爭	爪 4획	爭		
다툴 쟁	𠂊 𠂉 𠂆 𩰊 争 争 爭			

爭點(쟁점) 서로 다투는 중심이 되는 점.
爭取(쟁취) 힘들게 싸워서 바라던 바를 얻음.
爭奪(쟁탈) 서로 다투어 빼앗음.

低	亻 5획	低		
낮을 저	丿 亻 亻 仟 仟 低 低			

低價(저가) 낮은 값, 싼 값.
低廉(저렴) 물건 따위의 값이 쌈.
低調(저조) 활동이나 감정이 왕성하지 못하고 침체함. 능률이나 성적이 낮음.

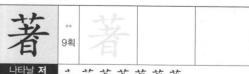

著	⺾ 9획	著		
나타날 저 붙을 착	十 艹 芢 艺 莱 著 著			

著名(저명) 세상에 이름이 널리 드러나 있음.
著述(저술) 글이나 책 따위를 씀. 또는 그 글이나 책.
著者(저자) 글로 써서 책을 지어 낸 사람.

• 雪膚花容(설부화용): 눈처럼 흰 피부와 꽃처럼 고운 얼굴.

貯	貝 5획	貯		
쌓을 **저**		｜ 目 貝 貯 貯 貯 貯		

貯金(저금) 돈을 모아 둠. 또는 그 돈.
貯藏(저장) 물건이나 재화 따위를 모아서 간수함.
貯蓄(저축) 절약하여 모아 둠.

赤	赤 0획	赤		
붉을 **적**		一 十 土 ナ 方 赤 赤		

赤道(적도) 위도의 기준이 되는 선. 지구의 적도와 천구가 만나는 선.
赤字(적자) 지출이 수입보다 많아서 생기는 결손액.
赤潮(적조) 편모충류 등의 이상 번식으로 바닷물이 붉게 물들어 보이는 현상.

的	白 3획	的		
적실할 **적** 과녁 **적**		｀ ｀ 白 白 的 的 的		

的當(적당) 꼭 들어맞음.
的確(적확) 정확하게 맞아 조금도 틀리지 아니함.
目的(목적) 실현하려고 하는 일이나 나아가는 방향.

適	辶 11획	適		
알맞을 **적** 갈 **적**		一 ㄱ 亇 啇 商 商 適 適 適		

適用(적용) 알맞게 이용하거나 맞추어 씀.
適應(적응) 일정한 조건이나 환경 따위에 맞추어 응하거나 알맞게 됨.
適切(적절) 어떤 기준이나 정도에 맞아 어울리는 상태. 꼭 알맞음.

敵	攵 11획	敵		
원수 **적**		一 ㄱ 亇 啇 商 敵 敵 敵		

敵國(적국) 전쟁 상대국이나 적대 관계에 있는 나라.
敵軍(적군) 적의 군대나 군사.
敵對(적대) 적으로 대함. 또는 적과 같이 대함.

田	田 0획	田		
밭 **전**		｜ 冂 日 田 田		

田穀(전곡) 밭에서 나는 온갖 곡식. 밭곡식.
田畓(전답) 논밭.
田園(전원) 논과 밭이라는 뜻으로, 도시에서 떨어진 시골이나 교외(郊外)를 이르는 말.

全	入 4획	全		
온전할 **전**		ノ 入 今 今 全 全		

全國(전국) 온 나라. 한 나라의 전체.
全部(전부) 어떤 대상을 이루는 낱낱을 모두 합친 것.
全體(전체) 개개 또는 부분의 집합으로 구성된 것을 몰아서 하나의 대상으로 삼는 경우에 바로 그 대상.

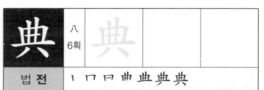

典	八 6획	典		
법 **전**		｜ 冂 日 曲 曲 典 典		

典籍(전적) 책. 성균관의 종6품, 종8품 벼슬.
典型(전형) 기준이 되는 형. 같은 부류의 특징을 가장 잘 나타내고 있는 본보기.
經典(경전) 변하지 않는 법식(法式)과 도리. 종교의 교리를 적은 책.

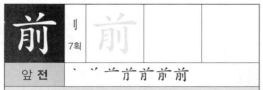

前	刂 7획	前		
앞 **전**		｀ ｀ 亣 歬 前 前 前		

前方(전방) 앞쪽. 적을 바로 마주하고 있는 지역.
前提(전제) 어떠한 사물이나 현상을 이루기 위하여 먼저 내세우는 것.
前後(전후) 앞뒤. 일정한 때나 수량에 약간 모자라거나 넘는 것.

展	尸 7획	展		
펼 **전**		ㄱ 尸 尸 屈 屈 屈 展 展		

展開(전개) 열리어 나타남. 시작하여 벌임.
展望(전망) 넓고 먼 곳을 멀리 바라봄. 또는 멀리 내다보이는 경치. 앞날을 헤아려 내다봄.
展示(전시) 여러 가지 물품을 한곳에 벌여 놓고 보임.

騷人墨客(소인묵객): 詩文(시문)과 書畵(서화)를 일삼는 사람. •

| 電 | 雨
5획 | 電 | | |

전기 **전**
번개 **전**　一 广 币 雨 雨 雷 雷 電

電氣(전기)　물질 안에 있는 전자 또는 공간에 있는 자유 전자나
이온들의 움직임 때문에 생기는 에너지의 한 형태.
電力(전력)　전류가 단위 시간에 하는 일. 또는 사용되는 에너지의 양.
電話(전화)　전화기를 이용하여 말을 주고받음.

| 傳 | 亻
11획 | 傳 | | |

전할 **전**　亻 亻 伯 僖 傳 傳 傳

傳達(전달)　지시, 명령, 물품 등을 타인이나 기관에 전하여 이르게 함.
傳染(전염)　병이 남에게 옮음. 다른 사람의 습관, 분위기, 기분
따위에 영향을 받아 물이 듦.
傳播(전파)　전하여 널리 퍼드림.

| 錢 | 金
8획 | 錢 | | |

돈 **전**　ノ ト ヒ 牟 金 金 釮 銰 錢 錢 錢

錢價(전가)　돈을 은과 비교하여 정한 값.
錢穀(전곡)　돈과 곡식.
銅錢(동전)　구리로 만든 돈. 구리·은·니켈 또는 이들의 합금 따위로
만든 동그랗게 생긴 모든 돈을 통틀어 이르는 말.

| 戰 | 戈
12획 | 戰 | | |

싸움 **전**　口 口 严 習 嬰 單 單 戰 戰

戰略(전략)　전쟁을 전반적으로 이끌어 가는 방법이나 책략. 정치,
경제 따위의 사회적 활동을 하는 데 필요한 책략.
戰線(전선)　전쟁에서 직접 전투가 벌어지는 지역.
戰爭(전쟁)　국가와 국가, 또는 교전 단체 사이에 무력을 사용하여 싸움.

| 絶 | 糸
6획 | 絶 | | |

끊을 **절**　ㄑ 幺 糸 紀 約 紹 紹 絶

絶景(절경)　더할 나위 없이 훌륭한 경치.
絶對(절대)　비교되거나 맞설 만한 것이 없음. 아무런 조건이나 제
약이 붙지 아니함.
絶望(절망)　바라볼 것이 없게 되어 모든 희망을 끊어 버림.

| 節 | 竹
9획 | 節 | | |

마디 **절**
절약할 **절**　ㅅ 竹 竺 笁 笁 笁 節 節

節氣(절기)　한 해를 스물넷으로 나눈, 계절의 표준이 되는 것.
節約(절약)　함부로 쓰지 아니하고 꼭 필요한 데에만 써서 아낌.
節次(절차)　일을 치르는 데 거쳐야 하는 순서나 방법.

| 店 | 广
5획 | 店 | | |

가게 **점**　一 广 广 庐 庐 店 店

店鋪(점포)　물건을 늘어놓고 파는 곳.
商店(상점)　일정한 시설을 갖추고 물건을 파는 곳.
書店(서점)　책을 갖추어 놓고 팔거나 사는 가게.

| 接 | 扌
8획 | 接 | | |

맞을 **접**
사귈 **접**　扌 扌 扩 护 按 接 接

接近(접근)　가까이 다가감. 친밀하고 밀접한 관계를 가짐.
接續(접속)　서로 맞대어 이음. 사용할 목적으로 여러 개의 기계
를 도선으로 연결하는 일.
接觸(접촉)　서로 맞닿음. 가까이 대하고 사귐.

| 丁 | 一
1획 | 丁 | | |

네째 천간 **정**
고무래 **정**　一 丁

丁男(정남)　부역이나 군역에 소집된 남자. 장정.
丁寧(정녕)　추측컨대, 틀림없이.
兵丁(병정)　병역에 복무하는 장정.
軍丁(군정)　군적(軍籍)에 있는 지방의 장정. 부역에 종사하는 장정.

| 井 | 二
2획 | 井 | | |

우물 **정**　一 二 于 井

井然(정연)　짜임새와 조리가 있음.
井田(정전)　정전법.
市井(시정)　인가가 모인 곳.
湯井(탕정)　더운물이 솟는 우물.

| 正 | 止 1획 | 正 | | | |

바를 정 ｜ 一 丁 下 正 正

正鵠(정곡) 과녁의 한가운데가 되는 점. 가장 중요한 요점 또는 핵심.
正直(정직) 마음에 거짓이나 꾸밈이 없이 바르고 곧음.
正確(정확) 바르고 확실함.

| 定 | 宀 5획 | 定 | | | |

정할 정 ｜ 丶 宀 宀 宀 定 定

定式(정식) 격식이나 방식을 일정하게 정함. 또는 그 격식이나 방식.
定員(정원) 일정한 규정에 의하여 정한 인원.
定着(정착) 일정한 곳에 자리를 잡아 붙박이로 있거나 머물러 삶.

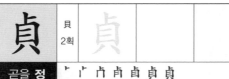

| 貞 | 貝 2획 | 貞 | | | |

곧을 정 ｜ 丶 卜 占 占 貞 貞 貞

貞淑(정숙) 여자로서 행실이 곧고 마음씨가 맑고 고움.
貞節(정절) 여자의 곧은 절개.
貞直(정직) 마음에 거짓이나 꾸밈이 없이 바르고 곧음.

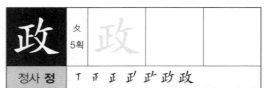

| 政 | 攵 5획 | 政 | | | |

정사 정 ｜ 一 下 正 正 正 政 政

政權(정권) 정치상의 권력. 또는 정치를 담당하는 권력.
政府(정부) 입법, 사법, 행정의 삼권을 포함하는 통치 기구를 통틀어 이르는 말.
政治(정치) 나라를 다스리는 일.

| 庭 | 广 7획 | 庭 | | | |

뜰 정 ｜ 丶 广 广 庄 庄 庭 庭

庭園(정원) 집 안에 있는 뜰이나 꽃밭.
庭前(정전) 뜰의 앞.
庭請(정청) 세자나 의정(議政)이 백관을 거느리고 궁정에 이르러 큰일을 보고하고 명령을 기다리던 일.

| 頂 | 頁 2획 | 頂 | | | |

정수리 정 ｜ 一 丁 丂 顶 頂 頂 頂

頂上(정상) 산 따위의 맨 꼭대기. 한 나라의 최고 수뇌.
頂點(정점) 맨 꼭대기가 되는 곳.
絶頂(절정) 사물의 진행이나 발전이 최고의 경지에 달한 상태. 산의 맨 꼭대기.

| 停 | 亻 9획 | 停 | | | |

머무를 정 ｜ 丿 亻 广 停 停 停 停

停年(정년) 관청이나 학교, 회사 따위에 근무하는 공무원이나 직원이 직장에서 물러나도록 정하여져 있는 나이.
停戰(정전) 교전 중 양방이 합의에 따라 일시적으로 전투를 중단하는 일.
停滯(정체) 사물이 발전하거나 나아가지 못하고 한자리에 머물러 그침.

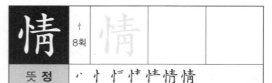

| 情 | 忄 8획 | 情 | | | |

뜻 정 ｜ 丶 忄 忄 忄 忰 情 情

情報(정보) 관찰이나 측정을 통하여 수집한 자료를 실제 문제에 도움이 될 수 있도록 정리한 지식. 또는 그 자료.
情緖(정서) 사람의 마음에 일어나는 여러 가지 감정.
情況(정황) 일의 사정과 상황. 인정상 딱한 처지에 있는 상황.

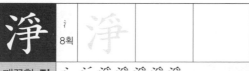

| 淨 | 氵 8획 | 淨 | | | |

깨끗할 정 ｜ 氵 氵 汀 淨 淨 淨 淨

淨水(정수) 물을 깨끗하고 맑게 함. 또는 그 물.
淨土(정토) 부처나 보살이 사는, 번뇌의 굴레를 벗어난 아주 깨끗한 세상.
淨化(정화) 불순하거나 더러운 것을 깨끗하게 함

| 精 | 米 8획 | 精 | | | |

정할 정 / 정성 정 ｜ 丶 丷 半 半 精 精 精 精

精讀(정독) 뜻을 새겨 가며 자세히 읽음.
精誠(정성) 온갖 힘을 다하려는 참되고 성실한 마음.
精神(정신) 육체나 물질에 대립되는 영혼이나 마음. 마음의 자세나 태도.

守口如甁(수구여병): 비밀을 잘 지켜 말하지 않음.

靜 靑 8획 靜

고요할 **정** 一 = ‡ 主 青 青 青 青 青 静 静 静

靜脈(정맥) 정맥혈을 심장으로 보내는 순환 계통의 하나.
靜肅(정숙) 조용하고 엄숙함.
靜寂(정적) 고요하여 괴괴함.

弟 弓 4획 弟

제자 **제**
아우 **제** 丶 丶 丷 当 肖 弟 弟

弟嫂(제수) 남자 형제 사이에서 동생의 아내를 이르는 말.
弟氏(제씨) 남의 남동생을 높여 이르는 말.
弟子(제자) 스승으로부터 가르침을 받거나 받은 사람.

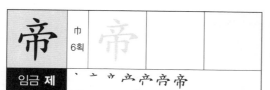

帝 巾 6획 帝

임금 **제** 丶 亠 亠 产 帝 帝 帝

帝國(제국) 황제가 다스리는 나라.
帝王(제왕) 황제와 국왕을 아울러 이르는 말.
帝位(제위) 제왕의 자리.
幼帝(유제) 어린 임금.

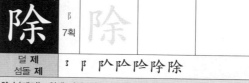

除 阝 7획 除

덜 **제**
섬돌 **제** 阝 阝 阽 阶 除 除 除

除去(제거) 없애 버림. 사물이나 현상을 없애거나 사라지게 하는 것.
除外(제외) 따로 떼어 내어 한데 헤아리지 않음.
除籍(제적) 학적, 당적 따위에서 이름을 지워 버림.

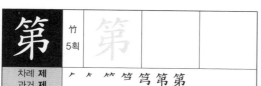

第 竹 5획 第

차례 **제**
과거 **제** ᅡ ᅡ ꮆ 竿 笃 第 第

第一(제일) 여럿 가운데서 첫째가는 것.
第次(제차) 차례.
落第(낙제) 진학 또는 진급을 못 함. 시험이나 검사 따위에 떨어짐.

祭 示 6획 祭

제사 **제** 夕 夕 夕 欠 祭 祭 祭

祭壇(제단) 제사를 지내는 단.
祭禮(제례) 제사를 지내는 의례.
祭祀(제사) 신령이나 죽은 사람의 넋에게 음식을 바치어 정성을 나타냄. 또는 그런 의식.

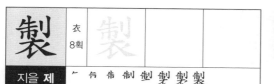

製 衣 8획 製

지을 **제** 二 厃 牜 制 制 製 製 製

製作(제작) 재료를 가지고 기능과 내용을 가진 새로운 물건이나 예술 작품을 만듦.
製造(제조) 공장에서 큰 규모로 물건을 만듦.
製品(제품) 원료를 써서 물건을 만듦. 또는 그렇게 만들어 낸 물품.

諸 言 9획 諸

모두 **제** 言 計 計 詝 詝 諸 諸

諸君(제군) '여러분'의 뜻으로 손아랫사람에게 대(對)하여 쓰는 말.
諸將(제장) 여러 장수.
諸侯(제후) 봉건 시대에 일정한 영토를 가지고 그 영내의 백성을 지배하는 권력을 가지던 사람.

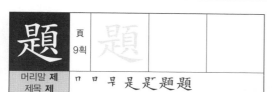

題 頁 9획 題

머리말 **제**
제목 **제** 门 旦 旱 是 匙 題 題

題目(제목) 작품이나 강연, 보고 따위에서, 그것을 대표하거나 내용을 보이기 위하여 붙이는 이름.
題言(제언) 서적, 화폭, 비석 따위의 첫머리에 쓴 글.
題材(제재) 예술 작품이나 학술 연구의 바탕이 되는 재료.

早 日 2획 早

일찍 **조**
새벽 **조** ᅵ 冂 日 旦 旦 早

早期(조기) 이른 시기.
早速(조속) 이르고도 빠름.
早熟(조숙) 식물의 열매가 일찍 익음. 나이에 비하여 정신적·육체적으로 발달이 빠름.

• 首邱初心(수구초심): 여우가 죽을 때 고향 쪽으로 머리를 둔다는 데서 고향을 생각하는 마음을 말함.

兆	儿 4획	兆			
조짐 조 조 조		ノ ノ ガ 汃 兆 兆			

兆物(조물) 많은 물체.
兆前(조전) 어떤 징조나 조짐이 나타나기 전.
兆朕(조짐) 좋거나 나쁜 일이 생길 기미가 보이는 현상.

助	力 5획	助			
도울 조		丨 冂 冂 且 且 助 助			

助力(조력) 힘을 써 도와줌. 또는 그 힘.
助成(조성) 도와서 이루게 함.
助言(조언) 말로 거들거나 깨우쳐 주어서 도움. 또는 그 말.

造	辶 7획	造			
지을 조		丿 亠 屮 生 告 告 浩 造 造			

造成(조성) 무엇을 만들어서 이룸. 분위기나 정세 따위를 만듦.
造詣(조예) 학문이나 예술, 기술 따위의 분야에 대한 지식이나 경험이 깊은 경지에 이른 정도.
造作(조작) 어떤 일을 사실인 듯이 꾸며 만듦.

祖	示 5획	祖			
조상 조 할아비 조		二 亍 禾 利 和 祖 祖			

祖國(조국) 조상 때부터 대대로 살던 나라.
祖母(조모) 부모의 어머니를 이르는 말. 할머니.
祖上(조상) 돌아간 어버이 위로 대대의 어른.
先祖(선조) 할아버지 이상의 조상(祖上).

鳥	鳥 0획	鳥			
새 조		丆 宀 宀 白 自 鳥 鳥			

鳥類(조류) 조강의 척추동물을 일상적으로 통틀어 이르는 말.
國鳥(국조) 나라를 대표하는 새.
白鳥(백조) 오릿과의 물새. =고니
候鳥(후조) 철을 따라 이리저리 옮겨 다니며 사는 새. 철새.

朝	月 8획	朝			
아침 조		一 十 古 直 卓 朝 朝 朝			

朝夕(조석) 아침과 저녁을 아울러 이르는 말.
朝鮮(조선) 우리나라의 상고 때부터 써 내려오던 이름. 1392년 이성계가 고려를 무너뜨리고 세운 나라.
朝廷(조정) 임금이 나라의 정치를 신하들과 의논하거나 집행하는 곳.

調	言 8획	調			
가락 조		亠 言 言 訂 訊 調 調			

調査(조사) 사물의 내용을 명확히 알기 위하여 자세히 살펴보거나 찾아봄.
調節(조절) 균형이 맞게 바로잡음. 또는 적당하게 맞추어 나감.
調和(조화) 서로 잘 어울림.

足	足 0획	足			
넉넉할 족 발 족		丨 冂 口 口 口 卫 足			

滿足(만족) 마음에 흡족함. 모자람이 없이 충분하고 넉넉함.
自足(자족) 스스로 넉넉함을 느낌. 필요한 물건을 자기 스스로 충족시킴.
充足(충족) 넉넉하여 모자람이 없음.

族	方 7획	族			
겨레 족		亠 亠 方 方 扩 㫃 族			

族譜(족보) 한 가문의 계통과 혈통 관계를 적어 기록한 책.
族屬(족속) 같은 문중이나 계통에 속하는 겨레붙이. 같은 패거리에 속하는 사람들을 낮잡아 이르는 말.
遺族(유족) 죽은 사람의 남은 가족. =유가족

存	子 3획	存			
있을 존		一 ナ ナ 右 存 存			

存立(존립) 생존하여 자립함.
存續(존속) 어떤 대상이 그대로 있거나 어떤 현상이 계속됨.
存在(존재) 현실에 실제로 있음. 또는 그런 대상.

袖手傍觀(수수방관): '팔짱을 끼고 바라만 본다'는 의미로 일을 거들지 않고 그저 옆에서 보고만 있다는 뜻.

尊	寸 9획	尊			
높을 존		八 竹 竹 齒 酋 算 尊 尊			

尊敬(존경) 남의 인격, 사상, 행위 따위를 받들어 공경함.
尊重(존중) 높이어 귀중하게 대함.
尊稱(존칭) 남을 공경하는 뜻으로 높여 부름. 또는 그 칭호.

卒	十 6획	卒			
군사 졸 마칠 졸		亠 亠 广 亥 卒 卒 卒			

卒倒(졸도) 갑자기 정신을 잃고 쓰러짐. 또는 그런 일.
卒兵(졸병) 직위가 낮은 병사.
卒業(졸업) 학생이 규정에 따라 소정의 교과 과정을 마침.

宗	宀 5획	宗			
종묘 종 마루 종		八 宀 宀 宇 宇 宗 宗			

宗教(종교) 신이나 초자연적인 절대자 또는 힘에 대한 믿음을 통하여 인간 생활의 고뇌를 해결하고 삶의 궁극적인 의미를 추구하는 문화 체계.
宗廟(종묘) 역대 임금과 왕비의 위패를 모시던 왕실의 사당.
宗主(종주) 제후들 가운데 패권을 잡은 맹주.

從	彳 8획	從			
좇을 종		彳 彳 彳 彳 從 從 從			

從事(종사) 어떤 일에 매달려 일함.
從屬(종속) 자주성이 없이 주가 되는 것에 딸려 붙음.
從前(종전) 지금보다 이전.
追從(추종) 뒤를 따라서 좇음. 아첨(阿諂)하여 좇음.

終	糸 5획	終			
끝날 종		幺 幺 糸 糸 約 終 終			

終結(종결) 끝을 냄.
終了(종료) 일을 마침.
終業(종업) 사업이나 학업 따위의 일이 마침. 또는 그 일을 마침.

種	禾 9획	種			
씨 종 종류 종		二 千 禾 禾 秆 稍 稍 種 種			

種類(종류) 사물의 부문을 나누는 갈래.
種目(종목) 여러 가지 종류에 따라 나눈 항목.
種子(종자) 식물에서 나온 씨 또는 씨앗.

鐘	金 12획	鐘			
쇠북 종		人 上 牟 金 鈩 鎝 鐼 鐘 鐘			

鐘閣(종각) 큰 종을 달아 두기 위하여 지은 누각.
鐘鼓(종고) 종과 북을 통틀어 이르는 말.
鐘樓(종루) 종을 달아 두는 누각.

左	工 2획	左			
왼 좌		一 ナ 左 左 左			

左遷(좌천) 낮은 관직이나 지위로 떨어지거나 외직으로 전근됨.
左側(좌측) 왼쪽.
左派(좌파) 좌익의 당파. 어떤 단체나 정당 따위의 내부에서 진보적이거나 급진적인 경향을 지닌 파.

坐	土 4획	坐			
앉을 좌		人 人 人人 坐 坐 坐			

坐視(좌시) 참견하지 아니하고 앉아서 보기만 함.
坐礁(좌초) 배가 암초에 얹힘. 곤경에 빠짐을 비유적으로 이르는 말.
坐板(좌판) 팔기 위하여 물건을 벌여 놓은 널조각.

罪	罒 8획	罪			
허물 죄		冂 冂 罒 罒 罪 罪 罪			

罪悚(죄송) 죄스러울 정도로 황송함.
罪惡(죄악) 죄가 될 만한 나쁜 짓.
罪人(죄인) 죄를 지은 사람. 부모의 상중(喪中)에 스스로를 남에게 이르는 말.

• 羞惡之心(수오지심): 자신의 그릇됨을 부끄러워하고 남의 바르지 못함을 미워하는 마음.

主	丶 4획	主		
주인 주	丶 一 二 丰 主			

主導(주도) 주동적인 처지가 되어 이끎.
主要(주요) 주되고 중요함.
主張(주장) 자기의 의견이나 주의를 굳게 내세움. 또는 그런 의견이나 주의.

朱	木 2획	朱		
붉을 주	丿 ㅗ 二 牛 牛 朱			

朱木(주목) 주목과의 상록 침엽 교목.
朱子(주자) '주희'를 높여 이르는 말.
朱紅(주홍) 붉은빛과 누른빛의 중간으로 붉은 쪽에 가까운 빛깔.

走	走 0획	走		
달릴 주	十 土 キ キ 走 走			

走者(주자) 경주하는 사람. 야구 경기에서 누(壘)에 나가 있는 사람.
走破(주파) 도중에 쉬지 아니하고 끝까지 달림.
走行(주행) 주로 동력으로 움직이는 자동차나 열차 따위가 달림.

住	亻 5획	住		
살 주	丿 亻 亻 亻 住 住 住			

住居(주거) 머물러 삶. 어떤 곳에 자리잡고 삶. 또는 그 집.
住民(주민) 그 땅에 사는 백성.
住所(주소) 사는 곳.
住宅(주택) 사람이 들어가 살 수 있게 지은 건물.

宙	宀 5획	宙		
하늘 주 집 주	宀 宀 宀 宁 宁 宙 宙			

碧宙(벽주) 푸른 하늘.
宙合樓(주합루) 서울특별시 창덕궁 안에 있는 누각.
航宙法(항주법) 우주 비행에 필요한 기술 체계.

注	氵 5획	注		
주석할 주 물댈 주	丶 氵 氵 氵 泞 泞 注 注			

注文(주문) 어떤 상품을 만들거나 파는 사람에게 그 상품의 생산이나 수송, 또는 서비스의 제공을 요구하거나 청구함.
注視(주시) 어떤 목표물에 주의를 집중하여 봄.
注意(주의) 마음에 새기고 조심함. 경고나 훈계의 뜻으로 일깨움.

晝	日 7획	晝		
낮 주	一 一 ㅋ ㅋ 聿 書 書 書 晝			

晝間(주간) 먼동이 터서 해가 지기 전까지의 동안.
晝勤(주근) 낮에 하는 근무.
晝夜(주야) 낮과 밤. 밤낮.

酒	酉 3획	酒		
술 주	丶 氵 氵 汀 汀 洒 洒 酒			

酒類(주류) 술의 종류.
酒稅(주세) 국세의 한 가지. 주류에 매기는 간접(間接) 소비세.
酒店(주점) 술집.

竹	竹 0획	竹		
대 죽	丿 ㅏ ㅏ ㅏ 竹 竹			

竹林(죽림) 대나무 숲.
竹筍(죽순) 대의 땅속줄기에서 돋아나는 어린싹.
竹槍(죽창) 대로 만든 창.

中	丨 3획	中		
가운데 중	丨 口 口 中			

中斷(중단) 중도에서 끊어지거나 끊음.
中心(중심) 사물의 한가운데. 확고한 주관이나 줏대.
中庸(중용) 지나치거나 모자라지 아니하고 한쪽으로 치우치지도 아니한, 떳떳하며 변함이 없는 상태나 정도.

脣亡齒寒(순망치한): '입술이 없으면 이가 시리다' 의 뜻. 서로 의지하는 사이에 하나를 잃으면 하나마저 온전치 못하다는 말. ●

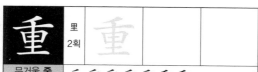

重 里 2획

무거울 중
겹칠 중

`一 二 亍 台 盲 重 重`

重大(중대) 가볍게 여길 수 없을 만큼 매우 중요하고 큼.
重複(중복) 거듭하거나 겹침.
重要(중요) 귀중하고 요긴함.

衆 血 6획

무리 중

`丶 白 血 血 쇼 血 衆`

衆論(중론) 여러 사람의 의견.
衆生(중생) 많은 사람.
衆智(중지) 여러 사람의 지혜.

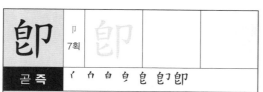

卽 卩 7획

곧 즉

`丶 𠂤 白 白 皀 皀 卽`

卽刻(즉각) 곧 그 시각(時刻)에.
卽席(즉석) 일이 진행(進行)되는 바로 그 자리.
卽時(즉시) 그 자리에서. 금방. 바로 그때. 당장에.

曾 日 8획

거듭 증
일찍 증

`丶 八 竹 竹 曲 曾 曾`

曾孫(증손) 증손자(曾孫子). 아들의 손자(孫子) 또는 손자(孫子)의 아들.
曾遊(증유) 지난날의 유람(遊覽). 옛날 찾아간 일이 있음.
曾子(증자) 증삼(曾參)을 높여 이르는 말.

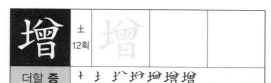

增 土 12획

더할 증

`ナ 土 圹 圹 圹 增 增`

增加(증가) 더하여 많아짐.
增殖(증식) 늘어서 많아짐. 또는 늘려서 많게 함.
增幅(증폭) 사물의 범위가 늘어나 커짐. 또는 사물의 범위를 넓혀 크게 함.

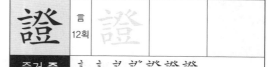

證 言 12획

증거 증

`言 言 言 訂 訂 諮 諮 證`

證據(증거) 어떤 사실을 증명할 수 있는 근거.
證明(증명) 어떤 사항이나 판단 따위에 대하여 그것이 진실인지 아닌지 증거를 들어서 밝힘.
證言(증언) 어떤 사실을 증명함. 또는 그런 말.

之 丿 3획

어조사 지
갈 지

`丶 亠 之`

之次(지차) 다음이나 버금. 맏이 이외의 차례들.
當之者(당지자) 그 일에 당(當)한 사람.
又重之(우중지) 더욱이. 뿐만 아니라.

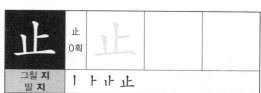

止 止 0획

그칠 지
발 지

`丨 𠄌 止 止`

禁止(금지) 금하여 못하게 함.
防止(방지) 어떤 일이나 현상(現象)이 일어나지 못하게 막음.
沮止(저지) 막아서 그치게 함.

支 支 0획

줄 지
가를 지

`一 十 支`

支配(지배) 어떤 사람이나 집단, 조직, 사물 등을 자기의 의사대로 복종하게 하여 다스림.
支援(지원) 지지(支持)하여 도움. 원조(援助)함.
支持(지지) 붙들어서 버티는 것. 또는, 부지하여 지니는 것

只 口 2획

다만 지

`丨 口 口 只 只`

只管(지관) 오직 이것 뿐.
只今(지금) 이제. 이 시간. 곧.
盂只(우지) 행자(行者)들이 밥을 담아 먹는 놋쇠로 만든 큰 합.

● 身言書判(신언서판): 인물을 선택하는 네 가지 조건으로 몸, 말씨, 글씨, 판단력.

至	至 0획	至				枝	木 4획	枝			
이를 지 지극할 지		ー Γ 工 云 孕 至				가지 지		十 才 木 材 杓 枝			

至急(지급) 더할 수 없이 급함. 몹시 급함.
至毒(지독) 더할 나위 없이 독함.
至上(지상) 더할 수 없이 가장 높은 위.

枝幹(지간) 가지와 줄기.
枝葉(지엽) 가지와 잎. 중요하지 않은 부분(部分).
小枝(소지) 나무의 작은 가지.

地	土 3획	地				志	心 3획	志			
땅 지 자리 지		ー 十 土 圷 圤 地				뜻 지		一 十 士 志 志 志 志			

地球(지구) 사람이 살고 있는 땅 덩어리. 인류(人類)가 살고 있는 천체(天體).
地方(지방) 어느 방면의 땅. 서울 이외의 지역(地域).
地域(지역) 일정한 땅의 구역(區域).

志士(지사) 절의(節義)가 있는 선비.
志願(지원) 뜻이 있어 지망(志望)함.
心志(심지) 마음에 품은 의지.

知	矢 3획	知				持	扌 6획	持			
알 지		ノ 仁 チ 矢 知 知 知				가질 지		十 扌 扩 扩 拝 持 持			

知性(지성) 지각된 것을 정리하고 통일하여, 이것을 바탕으로 새로운 인식을 낳게 하는 정신 작용.
知識(지식) 어떤 대상에 대하여 배우거나 실천을 통하여 알게 된 명확한 인식이나 이해.
知慧(지혜) 사물의 이치를 빨리 깨닫고 사물을 정확하게 처리하는 정신적 능력.

持分(지분) 공유물이나 공유 재산 따위에서, 공유자 각자가 소유하는 몫. 또는 그런 비율.
持續(지속) 계속하여 지녀 나감. 같은 상태(狀態)가 오래 계속됨.
持參(지참) 물건(物件)이나 돈 같은 것을 가지고 감. 가지고 옴.

指	扌 6획	指				紙	糸 4획	紙			
가리킬 지 손가락 지		十 扌 扩 排 指 指				종이 지		ノ ㄠ 幺 糸 紅 紆 紙			

指示(지시) 가리켜 보임. 일러서 시킴. 또는 그 내용.
指摘(지적) 꼭 집어서 가리킴. 허물 따위를 드러내어 폭로함.
指揮(지휘) 목적을 효과적으로 이루기 위하여 단체의 행동을 통솔함.

紙匣(지갑) 가죽이나 헝겊 따위로 쌈지처럼 조그맣게 만든 물건(物件).
紙面(지면) 종이의 표면(表面). 또는 글이 실린 면.
紙幣(지폐) 종이에 인쇄를 하여 만든 화폐.

直	目 3획	直				辰	辰 0획	辰			
곧을 직		一 十 亠 亠 吉 直 直 直				별 진, 별 신		一 厂 厂 厇 序 辰 辰			

直線(직선) 꺾이거나 굽은 데가 없는 곧은 선.
直前(직전) 어떤 일이 일어나기 바로 전.
直後(직후) 어떤 일이 있고 난 바로 다음.

辰刻(진각) 시간(時間) 또는 시각(時刻).
辰時(진시) 하루를 12시로 나눈 다섯째 시간. 곧, 상오 7시부터 9시까지.
辰星(신성) 시각을 측정하는 기준이 되는 항성. 중국에서 수성을 이르는 말.

深思熟考(심사숙고): 깊이 생각하고 곧 신중을 기하여 곰곰히 생각함.

| 眞 | 目 5획 | 眞 | | |

참 진　｀ ｢ ｢ ｢ ｢ 卢 � 首 眞 眞

眞實(진실)　거짓이 없는 사실. 마음에 거짓이 없이 순수하고 바름.
眞心(진심)　거짓이 없는 참된 마음.
眞情(진정)　참되고 애틋한 정이나 마음. 참된 사정.

| 盡 | 皿 9획 | 盡 | | |

다할 진　｀ ｀ ｀ 尹 聿 書 書 盡 盡

盡力(진력)　있는 힘을 다함. 또는 낼 수 있는 모든 힘.
盡心(진심)　마음을 다함.
未盡(미진)　아직 다하지 못함.

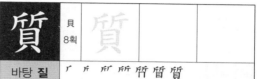

| 進 | 辶 8획 | 進 | | |

나아갈 진　亻 亻 亻 亻 隹 隹 進 進

進步(진보)　정도나 수준이 나아지거나 높아짐.
進入(진입)　내쳐 들어감. 향(向)하여 들어감.
進陟(진척)　일이 목적한 방향대로 진행되어 감. 벼슬이 높아짐.

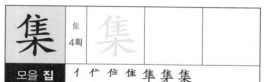

| 質 | 貝 8획 | 質 | | |

바탕 질　宀 宀 宀 宀 竹 筲 質 質

質量(질량)　물체의 고유한 역학적 기본량.
質問(질문)　알고자 하는 바를 얻기 위해 물음.
氣質(기질)　기력과 체질을 아우르는 말. 자극에 대한 민감성이
나 특정한 유형의 정서적 반응을 보여 주는 개인의 성격적 소질.

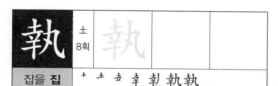

| 執 | 土 8획 | 執 | | |

잡을 집　＋ 土 ㅎ 幸 幸 执 執 執

執權(집권)　권세나 정권을 잡음.
執着(집착)　어떤 것에 늘 마음이 쏠려 잊지 못하고 매달림.
執行(집행)　실제로 시행함.

| 集 | 隹 4획 | 集 | | |

모을 집　亻 亻 亻 隹 隹 隼 集 集 集

集團(집단)　여럿이 모여 이룬 모임.
集中(집중)　한곳을 중심으로 하여 모임. 또는 그렇게 모음. 한 가지
일에 모든 힘을 쏟아부음.
集會(집회)　여러 사람이 어떤 목적을 위하여 일시적으로 모임.

| 且 | 一 4획 | 且 | | |

구차할 차
또 차　丨 冂 日 且

且說(차설)　이제까지 다루던 내용을 그만두고 화제를 다른 쪽으
로 돌림. =각설
且月(차월)　음력(陰曆) 6월의 별칭.
且置(차치)　다음으로 미루어 문제삼지 않음. 우선 내버려 둠.

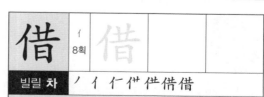

| 次 | 欠 2획 | 次 | | |

차례 차
버금 차　｀ ｀ ｀ 冫 汐 次 次

次期(차기)　다음의 시기.
次例(차례)　순서 있게 구분하여 벌여 나가는 관계. 또는 그 구분
에 따라 각각에게 돌아오는 기회.
次元(차원)　사물을 보거나 생각하는 처지.

| 此 | 止 2획 | 此 | | |

이 차　丨 ﾄ 此 此 此 此

此邊(차변)　이편. 이쪽
此後(차후)　지금부터 이후.
此回(차회)　이번.

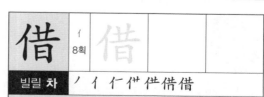

| 借 | 亻 8획 | 借 | | |

빌릴 차　丿 亻 亻 ｲ 借 借 借 借

借款(차관)　한 나라의 정부나 기업, 은행 등이 외국 정부나 공적
기관으로부터 자금을 빌려 옴. 또는 그 자금.
借名(차명)　남의 이름을 빌려 씀. 또는 그 이름.
借用(차용)　돈이나 물건 따위를 빌려서 씀.

• 阿鼻叫喚(아비규환): 많은 사람이 참상으로 부르짖는 소리.

着	羊 6획	

붙을 착(저) `ソ 兰 羊 羊 着 着 着`

着工(착공) 공사를 시작함.
着席(착석) 자리에 앉음.
着手(착수) 어떤 일에 손을 댐. 또는 어떤 일을 시작함.

察	宀 11획	

살필 찰 `宀 宀 宛 宛 察 察 察`

鑑察(감찰) 상대편이 보아 살핌을 높여 이르는 말.
警察(경찰) 국가 사회의 공공질서와 안녕을 보장하고 국민의 안전과 재산을 보호하는 일.
觀察(관찰) 사물이나 현상을 주의하여 자세히 살펴봄.

參	厶 9획	

참여할 참
석 삼 `ᐟ ᐟ ᐢ 矣 矣 參 參`

參加(참가) 모임이나 단체 또는 일에 관계하여 들어감.
參席(참석) 모임이나 회의 따위의 자리에 참여함.
參與(참여) 어떤 일에 끼어들어 관계함.

昌	日 4획	

창성할 창 `ᐟ ᐟ 日 日 目 昌 昌`

昌盛(창성) 기세가 크게 일어나 잘 뻗어 나감.
昌世(창세) 기세(氣勢) 좋게 잘되어 나가는 세상.
昌言(창언) 착하고 아름다운 말. 위덕이 있는 말.

唱	口 8획	

노래부를 창 `ᐟ 口 吅 吅 唱 唱 唱`

唱劇(창극) 전통적인 판소리나 그 형식을 빌려 만든 가극(歌劇).
唱法(창법) 노래를 부르는 방법.
重唱(중창) 몇 사람이 각각 자기의 성부(聲部)를 맡아 노래함. 또는 그런 노래.

窓	穴 6획	

창 창 `ᐟ 宀 宛 窓 窓 窓`

窓口(창구) 창을 내거나 뚫어 놓은 곳. 외부와 어떤 일을 교섭하고 절충하는 곳.
窓門(창문) 공기나 빛이 들어올 수 있도록 벽에 만들어 놓은 작은 문.
窓戶(창호) 온갖 창과 문을 통틀어 이르는 말.

菜	艹 8획	

나물 채 `ᐟ 艹 艹 苹 荬 萃 菜`

菜蔬(채소) 밭에서 기르는 농작물.
菜食(채식) 고기류를 피하고 주로 채소, 과일, 해초 따위의 식물성 음식만 먹음.
野菜(야채) 들에서 자라나는 나물. '채소'를 일상적으로 이르는 말.

採	扌 8획	

가릴 채
캘 채 `扌 扌 扩 扩 採 採`

採決(채결) 의장이 의안(議案)의 채택 가부를 물어 결정함.
採用(채용) 사람을 골라서 씀. 어떤 의견, 방안 등을 고르거나 받아들여서 씀.
採擇(채택) 작품, 의견, 제도 따위를 골라서 다루거나 뽑아 씀.

冊	冂 3획	

책 책 `丨 冂 冂 冊 冊`

冊房(책방) 서점. 고을 원의 비서 사무를 맡아보던 사람.
冊封(책봉) 왕세자, 왕세손, 왕후, 비, 빈, 부마 등을 봉작하던 일.
冊床(책상) 앉아서 책을 읽거나 글을 쓰거나 사무를 보거나 할 때에 앞에 놓고 쓰는 상.

責	貝 4획	

책임 책
꾸짖을 책 `二 丰 丰 青 青 青 責`

責務(책무) 직무에 따른 책임이나 임무.
責任(책임) 맡아서 해야 할 임무나 의무. 어떤 일에 관련되어 그 결과에 대하여 지는 의무나 부담.
叱責(질책) 꾸짖어 나무람.

眼光紙背(안광지배): 눈빛이 종이의 뒷면까지 뚫고 지나감. •

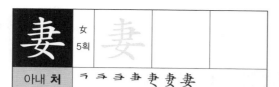

妻 女 5획 妻

아내 **처** ㄱ ㅋ ㅋ 圭 毒 妻 妻

妻家(처가) 아내의 본가.
妻男(처남) 아내의 손아래나 손위 남자 형제를 이르거나 부르는 말.
妻子(처자) 아내와 자식을 아울러 이르는 말.

處 虍 5획 處

곳 **처**, 처할 **처** ㅣ ㅏ 广 虍 虍 虜 處

處理(처리) 사무나 사건 따위를 절차에 따라 정리하여 치르거나 마무리를 지음.
處罰(처벌) 형벌에 처함. 또는 그 벌.
處身(처신) 세상(世上)을 살아감에 있어 몸가짐이나 행동(行動).

尺 尸 1획 尺

자 **척** ㄱ ㄱ ㄲ 尸 尺

尺度(척도) 자로 재는 길이의 표준. 평가하거나 측정할 때 의거할 기준.
三尺(삼척) 석 자. 삼척검(三尺劍)의 준말.
咫尺(지척) 아주 가까운 거리(距離).

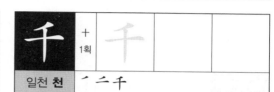

千 十 1획 千

일천 **천** ㅏ 亠 千

千年(천년) 오랜 세월.
千軍(천군) 많은 군사(軍士).
千里(천리) 십(十) 리(里)의 백 갑절. 썩 먼 거리(距離). 멀리 떨어져 있는 거리.

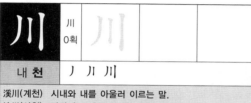

川 川 0획 川

내 **천** ノ 刀 川

溪川(계천) 시내와 내를 아울러 이르는 말.
沙川(사천) 바닥이 모래로 된 내.
深川(심천) 깊은 내.

天 大 1획 天

하늘 **천** 一 二 チ 天

天命(천명) 타고난 수명. 타고난 운명. 하늘의 명령.
天地(천지) 하늘과 땅을 아울러 이르는 말.
天下(천하) 하늘 아래 온 세상. 한 나라 전체. 온 세상 또는 한 나라가 그 정권 밑에 속하는 일.

泉 水 5획 泉

샘 **천** ノ 宀 白 白 白 臮 泉

泉水(천수) 샘에서 나는 물. =샘물
溫泉(온천) 지열에 의하여 지하수가 그 지역의 평균 기온 이상으로 데워져 솟아 나오는 샘.
源泉(원천) 물이 흘러나오는 근원. 사물의 근원.

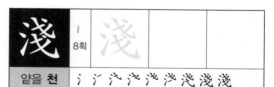

淺 氵 8획 淺

얕을 **천** 氵 氵 汏 浅 浅 浅 淺 淺 淺

淺慮(천려) 생각이 얕음. 또는 얕은 생각
淺謀(천모) 얕은 계략이나 음모.
淺薄(천박) 학문이나 생각 따위가 얕거나, 말이나 행동 따위가 상스러움.

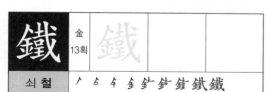

鐵 金 13획 鐵

쇠 **철** ノ ㅏ ㅌ 숲 金 鈝 鉪 鐟 鐵 鐵

鐵鋼(철강) 주철과 강철을 아울러 이르는 말.
鐵道(철도) 침목 위에 철제의 궤도를 설치하고, 그 위로 차량을 운전하여 여객과 화물을 운송하는 시설.
鐵則(철칙) 바꾸거나 어길 수 없는 중요한 법칙.

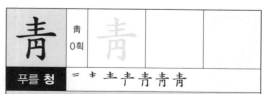

靑 靑 0획 靑

푸를 **청** 二 ㅊ 圭 圭 靑 靑 靑

靑山(청산) 풀과 나무가 무성한 푸른 산.
靑雲(청운) 푸른 빛깔의 구름. 높은 이상(理想)이나 벼슬을 가리키는 말.
靑天(청천) 푸른 하늘.

● 弱肉强食(약육강식): 약한 놈이 강한 놈에게 먹힘.

清	氵 8획	清		
맑을 청	丶 氵 氵 泮 泮 清 清 清			

清潔(청결) 맑고 깨끗함.
淸廉(청렴) 성품과 행실이 높고 맑으며, 탐욕이 없음.
淸明(청명) 날씨가 맑고 밝음. 소리가 맑고 밝음. 형상이 깨끗하고
선명함.

晴	日 8획	晴		
갤 청	刂 日 日⁺ 昨 晴 晴			

晴明(청명) 하늘이 개어 맑음.
晴天(청천) 맑게 갠 하늘.
快晴(쾌청) 구름 한 점 없이 상쾌하도록 날씨가 맑음.

請	言 8획	請		
청할 청	亠 亠 言 訁 請 請 請			

請求(청구) 남에게 돈이나 물건 따위를 달라고 요구함.
請約(청약) 일정한 내용의 계약을 체결할 것을 목적으로 하는 일방적
·확정적 의사 표시.
請託(청탁) 청하여 남에게 부탁함.

聽	耳 16획	聽		
들을 청	丁 千 耳 耳 耵 聽 聽			

聽覺(청각) 소리를 느끼는 감각.
聽衆(청중) 강연이나 설교, 음악 따위를 듣기 위하여 모인 사람들.
聽取(청취) 의견, 보고, 방송 따위를 들음.

體	骨 13획	體		
몸 체	冂 冂 冃 骨 骨 骨⁻ 骨⁼ 骨⁼ 體 體 體			

體系(체계) 일정한 원리에 따라서 낱낱의 부분이 짜임새 있게 조직
되어 통일된 전체.
體制(체제) 기존의 사회(社會) 질서(秩序). 사회 체제.
體驗(체험) 자기가 몸소 겪음. 또는 그런 경험.

初	刀 5획	初		
처음 초	丶 冫 衤 衤 衤 初 初			

初期(초기) 처음 시기.
初盤(초반) 운동 경기나 바둑, 장기 따위에서 승부의 처음 단계.
어떤 일이나 일정한 기간의 처음 단계.
初步(초보) 학문이나 기술 따위를 익힐 때의 그 처음 단계나 수준.

招	扌 5획	招		
부를 초	扌 扌 扨 护 招 招			

招來(초래) 어떤 결과를 가져오게 함. 불러서 오게 함.
招聘(초빙) 예(禮)를 갖춰 불러 맞아들임. 초대(招待)함.
招請(초청) 청하여 불러들임.

草	艹 6획	草		
풀 초	艹 艹 芍 芍 苩 萱 草			

草稿(초고) 시문(詩文)의 초벌로 쓴 원고(原稿).
草木(초목) 풀과 나무를 아울러 이르는 말.
草案(초안) 초를 잡아 적음. 또는 그런 글발. 애벌로 안(案)을 잡음.
또는 그 안.

寸	寸 0획	寸		
마디 촌	一 十 寸			

寸劇(촌극) 아주 짧은 단편적인 연극. 사람들의 이목을 끄는 우
발적이고 우스꽝스러운 일을 비유적으로 이르는 말.
寸數(촌수) 친족 사이의 멀고 가까운 정도를 나타내는 수.
寸陰(촌음) 매우 짧은 동안의 시간.

村	木 3획	村		
마을 촌	一 十 扌 木 村 村			

村老(촌로) 시골에서 사는 노인(老人)
村落(촌락) 시골의 작은 마을.
村長(촌장) 한 마을의 우두머리.

梁上君子(양상군자): '대들보 위의 군자'라는 뜻으로 도둑을 점잖게 일컫는 말. ·

最	日 8획	最		
가장 최		冂 日 早 早 最 最 最		

最近(최근) 장소(場所)나 위치(位置)가 가장 가까움. 얼마 아니 되는 지나간 날, 요즈음.
最高(최고) 가장 높음. 으뜸인 것. 또는 으뜸이 될 만한 것.
最初(최초) 맨 처음.

秋	禾 4획	秋		
가을 추		一 二 千 禾 利 秒 秋		

秋分(추분) 이십사절기의 열여섯 번째. 백로와 한로 사이의 절기로 낮과 밤의 길이가 같음.
秋夕(추석) 우리나라 명절(名節)의 하나, 음력(陰曆) 8월 15일. =한가위
秋收(추수) 가을에 익은 곡식(穀食)을 거둬들임.

追	辶 6획	追		
쫓을 추		丿 冫 冖 冃 自 自 追 追		

追慕(추모) 죽은 사람을 그리며 생각함.
追憶(추억) 지난 일을 돌이켜 생각함.
追跡(추적) 뒤를 밟아 쫓음.

推	扌 8획	推		
밀 추(퇴)		扌 扌 扩 扩 抃 拃 推 推		

推理(추리) 알고 있는 것을 바탕으로 알지 못하는 것을 미루어서 생각함.
推進(추진) 밀고 나아감.
推測(추측) 미루어 생각하여 헤아리거나 어림을 잡음.

丑	一 3획	丑		
지지 축 소 축		丁 刀 丑 丑		

丑年(축년) 그 해의 지지(地支)가 축(丑)으로 되는 해.
丑時(축시) 십이시(十二時)의 둘째 시. 오전 한 시부터 세 시까지.
丑日(축일) 일진(日辰)의 지지(地支)가 丑(축)인 날.

祝	示 5획	祝		
빌 축		二 亍 亍 示 示 祀 祝 祝		

祝福(축복) 행복을 빎. 또는 그 행복.
祝祭(축제) 축하하여 벌이는 큰 규모의 행사.
祝賀(축하) 남의 좋은 일을 기뻐하고 즐거워한다는 뜻으로 인사함. 또는 그런 인사.

春	日 5획	春		
봄 춘		一 二 三 夫 春 春		

春雪(춘설) 봄눈. 봄철에 오는 눈.
春秋(춘추) 어른의 나이를 높여 이르는 말. 봄과 가을.
春風(춘풍) 봄바람. 봄철에 불어오는 바람.

出	凵 3획	出		
날 출		丨 屮 屮 出 出		

出發(출발) 목적지를 향하여 나아감. 어떤 일을 시작함. 또는 그 시작.
出席(출석) 어떤 자리에 나아가 참석함.
出題(출제) 문제나 제목을 냄.

充	儿 3획	充		
찰 충		丶 一 六 玄 充 充		

充分(충분) 모자람이 없이 넉넉함.
充實(충실) 내용이 알차고 단단함. 주로 아이들의 몸이 건강하여 튼튼함.
充員(충원) 인원수를 채움.

忠	心 4획	忠		
충성 충		丶 口 口 中 中 忠 忠		

忠告(충고) 남의 결함이나 잘못을 진심으로 타이름.
忠誠(충성) 진정에서 우러나오는 정성. 나라와 임금 등에게 몸과 마음을 다하여 헌신하는 것.
忠臣(충신) 나라와 임금을 위하여 충절(忠節)을 다하는 신하.

● 魚網鴻離(어망홍리): '물고기 그물에 기러기가 걸린다'로 구하는 것이 아닌 딴 것을 얻을 때를 비유한 말.

蟲 | 虫 12획 | 蟲

벌레 **충** ｜ 一 中 虫 虫 虫 蟲 蟲

蟲齒(충치) 벌레 먹은 이.
蟲害(충해) 벌레로 인해 입은 농사(農事)의 손해(損害).
驅蟲(구충) 약품 따위로 해충이나 기생충 따위를 없앰.

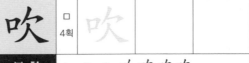

吹 | 口 4획 | 吹

불 **취** ｜ 丨 口 口 吖 吹 吹

吹入(취입) 공기 따위를 불어 넣음. 레코드나 녹음기의 녹음판에 소리를 넣음.
吹笛(취적) 피리를 붊.
吹奏(취주) 저·피리·나팔·생황 따위의 관악기를 입으로 불어서 연주함.

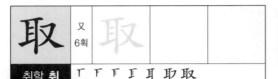

取 | 又 6획 | 取

취할 **취** ｜ 一 T F E 耳 取 取

取扱(취급) 물건을 사용하거나 소재나 대상으로 삼음. 사람이나 사건을 어떤 태도로 대하거나 처리함.
取得(취득) 자기 것으로 만들어 가짐.
取消(취소) 발표한 의사를 거두어들이거나 예정된 일을 없애 버림.

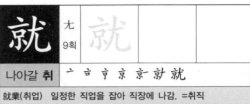

就 | 尤 9획 | 就

나아갈 **취** ｜ 亠 古 亨 京 京 訧 就

就業(취업) 일정한 직업을 잡아 직장에 나감. =취직
就任(취임) 새로운 직무를 수행하기 위하여 맡은 자리에 처음으로 나아감.
就學(취학) 교육을 받기 위하여 학교에 들어감. 스승에게 학문을 배움.

治 | 氵 5획 | 治

다스릴 **치** ｜ 丶 氵 氵 沿 治 治 治

治國(치국) 나라를 다스림.
治療(치료) 병(病)이나 상처(傷處)를 다스려서 낫게 함.
治安(치안) 나라를 편안하게 다스림. 국가 사회의 안녕과 질서를 유지·보전함.

致 | 至 4획 | 致

이를 **치**
빽빽할 **치** ｜ 一 乙 至 到 致 致 致

致命(치명) 죽을 지경에 이름.
致誠(치성) 있는 정성(精誠)을 다함. 신불(神佛)에게 정성(精誠)을 드림.
致賀(치하) 남이 한 일에 대하여 고마움이나 칭찬의 뜻을 표시함.

齒 | 齒 0획 | 齒

이 **치**
나이 **치** ｜ 止 止 齿 齒 齒 齒

齒科(치과) 이와 그 지지 조직 및 입안의 생리·병리·치료 기술 따위를 연구하는 의학 분야.
齒牙(치아) '이'를 점잖게 이르는 말.
齒痛(치통) 이앓이. 이가 쑤시거나 몹시 아픈 증상.

則 | 刂 7획 | 則

법칙, 곧 즉
본받을 **측** ｜ 丨 冂 月 目 貝 貝 則

規則(규칙) 여러 사람이 다 같이 지키기로 작정한 법칙. 또는 제정된 질서.
反則(반칙) 법칙이나 규정, 규칙 따위를 어김.
準則(준칙) 준거할 기준이 되는 규칙이나 법칙.

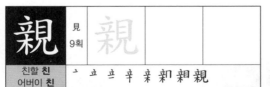

親 | 見 9획 | 親

친할 **친**
어버이 **친** ｜ 亠 立 立 辛 亲 亲 親 親

親舊(친구) 가깝게 오래 사귄 사람. 나이가 비슷하거나 아래인 사람을 낮추거나 친근하게 이르는 말.
親切(친절) 정성스럽고 정답거나 또는 그러한 태도(態度).
親戚(친척) 친족과 외척을 아울러 이르는 말.

七 | 一 1획 | 七

일곱 **칠** ｜ 一 七

七夕(칠석) 음력으로 칠월 초이렛날의 밤. 이 날 밤 견우성과 직녀성이 오작교에서 만난다고 함.
七十(칠십) 십의 일곱 배가 되는 수.
七日(칠일) 이레. 이렛날.

針	金 2획	針			

바늘 침  ノ 𠂉 쇠 숲 金 金 針

針房(침방) 침모(針母)들이 바느질하던 곳.
針線(침선) 바늘과 실을 아울러 이르는 말.
針術(침술) 침으로 병(病)을 고치는 기술(技術)

快	忄 4획	快			

쾌할 쾌 ` 忄 忄 忙 快 快

快擧(쾌거) 통쾌하고 장한 행위.
快晴(쾌청) 하늘이 상쾌하도록 맑게 갬.
快活(쾌활) 마음씨나 성질 또는 행동이 씩씩하고 활발함.

他	亻 3획	他			

남 타  ノ 亻 亻 佗 他

他國(타국) 다른 나라.
他人(타인) 다른 사람.
他鄕(타향) 자기 고향이 아닌 고장.

打	扌 2획	打			

칠 타 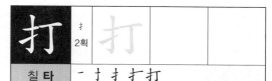 一 亅 扌 打 打

打擊(타격) 때려 침. 어떤 일에서 크게 기가 꺾이거나 손해·손실을 봄.
打鐘(타종) 종을 치거나 때림.
打破(타파) 부정적인 규정, 관습, 제도 따위를 깨뜨려 버림.

脫	月 7획	脫			

벗을 탈 刀 月 肝 胙 肸 肸 脫

脫黨(탈당) 당원이 자기가 속하여 있던 당을 떠남.
脫出(탈출) 어떤 상황이나 구속 따위에서 빠져나옴.
脫退(탈퇴) 관계하고 있던 조직이나 단체 따위에서 관계를 끊고 물러남.

探	扌 8획	探			

찾을 탐  扌 扌 扩 扠 探 探 探

探究(탐구) 진리, 학문 따위를 파고들어 깊이 연구함.
探査(탐사) 알려지지 않은 사물이나 사실 따위를 샅샅이 조사함.
探索(탐색) 드러나지 않은 사물이나 현상 따위를 찾아내거나 밝히기 위하여 살피어 찾음.

太	大 1획	太			

클 태, 콩 태  一 ナ 大 太

太陽(태양) 태양계의 중심이 되는 항성. 매우 소중하거나 희망을 주는 존재를 비유적으로 이르는 말.
太初(태초) 하늘과 땅이 생겨난 맨 처음.
太平(태평) 나라가 안정되어 아무 걱정 없고 평안함.

泰	水 5획	泰			

**클 태
편안할 태**  一 三 夫 夫 泰 泰 泰 泰

泰國(태국) '타이'의 공식 국가명.
泰山(태산) 높고 큰 산. 크고 많음을 비유적으로 이르는 말.
泰然(태연) 마땅히 머뭇거리거나 두려워할 상황에서 태도나 기색이 아무렇지도 않은 듯이 예사로움.

宅	宀 3획	宅			

집 택(댁)  ` ㆍ 宀 宇 宇 宅

宅配(택배) 우편물이나 짐, 상품 따위를 요구하는 장소까지 직접 배달해 주는 일.
宅地(택지) 집을 지을 땅.
家宅(가택) 사람이 살고 있는 집. 또는 살림하는 집.

土	土 0획	土			

흙 토  一 十 土

土臺(토대) 흙으로 쌓아올린 높은 대. 어떤 사물이나 사업의 밑바탕이 되는 기초와 밑천을 비유적으로 이르는 말.
土壤(토양) 곡물 등이 생장할 수 있는 흙.
土地(토지) 경지나 주거지 따위의 사람의 생활과 활동에 이용하는 땅.

• 掩目捕雀(엄목포작): '눈을 가리고 참새를 잡으려 한다' 로 일을 성취하려면 성실하게 해야 한다는 뜻.

通 辶 7획 通

통할 **통** ⁊ マ 丂 肖 甬 涌 通

通過(통과) 어떤 곳이나 때를 거쳐서 지나감. 장애물이나 난관 따위를 뚫고 지나감.
通報(통보) 통지하여 보고함. 또는 그 보고.
通信(통신) 소식을 전함. 우편이나 전신, 전화 따위로 정보나 의사를 전달함.

統 糸 6획 統

계통 **통**
거느릴 **통** ⟋ 幺 糸 紶 統 統 統

統計(통계) 어떤 현상을 종합적으로 한눈에 알아보기 쉽게 일정한 체계에 따라 숫자로 나타냄. 또는 그런 것.
統制(통제) 일정한 방침이나 목적에 따라 행위를 제한하거나 제약함.
統合(통합) 둘 이상의 조직이나 기구 따위를 하나로 합침.

退 辶 6획 退

물러날 **퇴** ⁊ ⁊ ⁊ 日 ⁊ 艮 退 退

退勤(퇴근) 일터에서 근무를 마치고 돌아가거나 돌아옴.
退職(퇴직) 현직에서 물러남.
退陣(퇴진) 군대의 진지를 뒤로 물림. 진용을 갖춘 구성원 전체나 그 책임자가 물러남.

投 扌 4획 投

던질 **투** 一 扌 扌 扌 护 抇 投

投入(투입) 던져 넣음. 사람이나 물자, 자본 따위를 필요한 곳에 넣음.
投資(투자) 사업(事業)에 자금(資金)을 투입(投入)함.
投票(투표) 선거를 하거나 가부를 결정할 때에 투표용지에 의사를 표시하여 일정한 곳에 내는 일.

特 牛 6획 特

특별할 **특** ⁊ ⁊ 牛 牛 牛 牜 特 特

特別(특별) 보통과 구별되게 다름.
特性(특성) 그것에만 있는 특수(特殊)한 성질(性質).
特定(특정) 특별히 지정함.

波 氵 5획 波

물결 **파** ⟍ ⟍ 氵 ⟍ 氵 沪 波 波

波動(파동) 물결의 움직임. 사회적으로 어떤 현상이 퍼져 커다란 영향을 미침.
波紋(파문) 수면에 이는 물결. 물결 모양의 무늬.
波長(파장) 충격적인 일이 끼치는 영향 또는 그 영향이 미치는 정도나 동안을 비유적으로 이르는 말.

破 石 5획 破

깨뜨릴 **파** ⁊ 石 矿 矿 矿 破 破

破棄(파기) 깨뜨리거나 찢어서 내버림. 계약, 조약, 약속 따위를 깨뜨려 버림.
破産(파산) 재산을 모두 잃고 망함.
破損(파손) 깨어져 못 쓰게 됨. 또는 깨뜨려 못 쓰게 함

判 刂 5획 判

판단할 **판** ⟋ ⟍ ⁄⁄ ⁄⁄ 半 判 判

判決(판결) 시비나 선악을 판단하여 결정함.
判斷(판단) 사물을 인식하여 논리나 기준 등에 따라 판정을 내림.
判定(판정) 판별하여 결정함.

八 八 0획 八

여덟 **팔** ⟋ 八

八道(팔도) 우리나라 전체를 이르는 말.
八十(팔십) 십의 여덟 배가 되는 수.
八日(팔일) 여드레. 여드렛날. 파일.

貝 貝 0획 貝

조개 **패**
재물 **패** ⎮ 冂 目 貝

貝類(패류) 조가비를 가진 연체동물을 일상적으로 통틀어 이르는 말.
貝物(패물) 산호(珊瑚), 호박(琥珀), 수정(水晶), 대모(玳瑁) 따위로 만든 값진 물건.
貝塚(패총) 원시인이 먹고 버린 조개껍데기가 쌓여 이루어진 무더기. =조개더미

如履薄氷(여리박빙): 얇은 얼음 위를 건너는 것같이 매우 조심스럽게 행동함을 뜻함.

敗	攵 7획	

패할 패 / 썩을 패 ㄇ 目 目 貝 貯 敗 敗

敗北(패배) 겨루어서 짐.
敗者(패자) 싸움이나 경기에 진 사람. 또는 그런 단체.
敗戰(패전) 싸움에 짐.

片	片 0획	片

한쪽 편 / 조각 편 ノ ノ ゲ 片

片刻(편각) 삽시간.
片道(편도) 가고 오는 길 가운데 어느 한쪽. 또는 그 길.
片肉(편육) 얇게 썬 수육.

便	亻 7획	

편할 편 / 오줌 변 亻 亻 佰 佰 佰 便 便

便利(편리) 편하고 이로우며 이용하기 쉬움.
便安(편안) 편하고 걱정 없이 좋음.
便紙(편지) 안부, 소식, 용무 따위를 적어 보내는 글.

篇	竹 9획	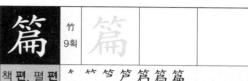

책 편, 펼 편 ㅅ 竹 竺 笒 箝 箝 篇

篇法(편법) 시문(詩文) 등(等)의 편을 지어 만드는 방식(方式).
篇首(편수) 시나 문장(文章)의 첫 머리.
篇次(편차) 책의 부류(部類)의 차례.

平	干 2획	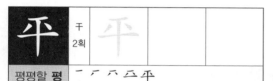

평평할 평 ᅳ ᅳ ᅳ 二 平

平均(평균) 여러 사물의 질이나 양 따위를 통일적으로 고르게 한 것.
平等(평등) 권리, 의무, 자격 등이 차별 없이 고르고 한결같음.
平和(평화) 평온하고 화목함. 전쟁, 분쟁 또는 일체의 갈등이 없이 평온함. 또는 그런 상태.

閉	門 3획	

닫을 폐 ㅣ ㅏ ㅏ 門 門 閉 閉

閉幕(폐막) 막을 내린다는 뜻으로, 연극·음악회나 행사 따위가 끝남. 또는 그것을 끝냄.
閉場(폐장) 극장이나 시장, 해수욕장 따위의 영업이 끝남.
閉會(폐회) 집회나 회의가 끝남. 의회, 전람회, 박람회 따위를 마침.

布	巾 2획	

펼 포, 베 포 ノ ナ ナ 右 右 布

布告(포고) 일반에게 널리 알림. 국가의 결정 의사를 공식적으로 널리 알림.
布石(포석) 바둑에서 중반전의 싸움이나 집 차지에 유리하도록 초반에 돌을 벌여 놓는 일.
分布(분포) 일정한 범위에 흩어져 퍼져 있음.

抱	扌 5획	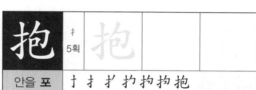

안을 포 扌 扌 扩 扚 抝 抱 抱

抱負(포부) 마음속에 지니고 있는, 미래에 대한 계획이나 희망.
抱擁(포옹) 사람을 또는 사람끼리 품에 껴안음. 남을 아량으로 너그럽게 품어 줌.
抱義(포의) 바른 의리(義理)를 굳게 지키어 지님.

暴	日 11획	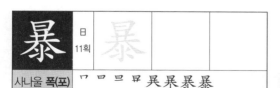

사나울 폭(포) ㄇ 日 旦 县 昦 暴 暴 暴

暴騰(폭등) 물건의 값이나 주가 따위가 갑자기 큰 폭으로 오름.
暴力(폭력) 남을 거칠고 사납게 제압할 때에 쓰는, 주먹이나 발 또는 몽둥이 따위의 수단이나 힘.
暴露(폭로) 알려지지 않았거나 감춰져 있던 사실을 드러냄.

表	衣 3획	

겉 표 / 나타낼 표 二 主 丰 表 表 表

表決(표결) 회의에서 어떤 안건에 대하여 가부 의사를 표시하여 결정함.
表明(표명) 의사나 태도를 분명하게 드러냄.
表情(표정) 마음속에 품은 감정이나 정서 따위의 심리 상태가 겉으로 드러남. 또는 그런 모습.

• 鳶飛魚躍(연비어약): 만물이 저마다의 법칙에 따라 자연스럽게 살아가면 천지의 조화를 이루게 되는 것.

品	口 6획	品			

물품 품 ㅣ ㅁ ㅁ 吕 吕 品 品

品目(품목) 물품의 이름을 쓴 목록. 물품 종류의 이름.
品性(품성) 품격과 성질을 아울러 이르는 말.
品質(품질) 물건의 성질과 바탕.

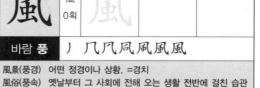

風	風 0획	風			

바람 풍 ㅣ 几 凡 凨 風 風 風

風景(풍경) 어떤 정경이나 상황. =경치
風俗(풍속) 옛날부터 그 사회에 전해 오는 생활 전반에 걸친 습관 따위를 이르는 말.
風土(풍토) 어떤 지역의 기후와 토지의 상태.

楓	木 9획	楓			

단풍나무 풍 十 木 机 枫 枫 枫 楓

楓菊(풍국) 단풍(丹楓)과 국화(菊花).
楓嶽(풍악) 금강산(金剛山)의 가을 명칭(名稱).
丹楓(단풍) 기후 변화로 식물의 잎이 붉은빛이나 누런빛으로 변하는 현상. 또는 그렇게 변한 잎.

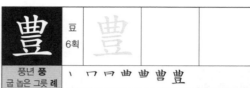

豊	豆 6획	豊			

풍년 풍
굽 높은 그릇 례 ㅣ ㅁ 曰 曲 曹 曹 豊

豊年(풍년) 곡식이 잘 자라고 잘 여물어 평년보다 수확이 많은 해.
豊滿(풍만) 풍족하여 그득함. 몸에 살이 탐스럽게 많음.
豊饒(풍요) 흠뻑 많아서 넉넉함.

皮	皮 0획	皮			

가죽 피 ノ 广 广 皮 皮

皮膚(피부) 척추동물의 몸을 싸고 있는 조직. 신체 보호, 체온 조절, 배설, 피부 호흡 따위의 기능을 함.
皮質(피질) 원생동물이 분비하는 한 물질 몸을 보호하는 포피를 형성함.
皮革(피혁) 날가죽과 무두질한 가죽을 아울러 이르는 말.

彼	彳 5획	彼			

저 피 ㅋ 彳 彳 彳 犷 征 彼 彼

彼岸(피안) 강의 건너편 기슭. 사바세계의 저쪽에 있다는 정토.
彼人(피인) 저 사람. 외국(外國) 사람.
彼此(피차) 저것과 이것. 서로.

匹	匚 2획	匹			

짝 필 一 丆 兀 匹

匹馬(필마) 한 필의 말. 데리고 가는 사람 없이 혼자서 말을 타고 감.
匹夫(필부) 한 사람의 남자. 신분이 낮고 보잘것없는 사내.
匹敵(필적) 능력이나 세력이 엇비슷하여 서로 맞섬.

必	心 1획	必			

반드시 필 丶 丿 必 必 必

必修(필수) 반드시 학습하거나 이수하여야 함.
必然(필연) 사물의 관련이나 일의 결과가 반드시 그렇게 될 수밖에 없음.
必要(필요) 반드시 요구되는 바가 있음.

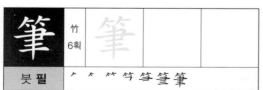

筆	竹 6획	筆			

붓 필 ㅗ ㅗ 竺 竹 笁 筆 筆

筆記(필기) 글씨를 씀. 강의, 강연, 연설 따위의 내용을 받아 적음.
筆力(필력) 글을 쓰는 능력. 글씨의 획에서 드러난 힘이나 기운.
筆跡(필적) 글씨의 모양이나 솜씨.

下	一 2획	下			

아래 하 一 丁 下

下降(하강) 높은 곳에서 아래로 향하여 내려옴.
下落(하락) 값이나 등급 따위가 떨어짐.
下流(하류) 강이나 내의 흘러가는 물의 아래편.

燕雁代飛(연안대비): 제비가 날아 올 때는 기러기는 날아가고 기러기가 올 때는 제비가 날아가 각각 다른 방향으로 간다는 뜻.

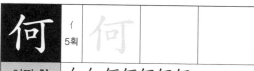

何	イ 5획	何		
어찌 **하**	ノ 亻 亻 伃 伃 何 何			

何等(하등) 아무런. 조금도.
何處(하처) 꼭 정(定)하지 아니했거나 모르는 곳.
何必(하필) 다른 방도를 취하지 아니하고 어찌하여 꼭.

河	氵 5획	河		
강 이름 **하**	丶 氵 江 汀 沪 河 河			

河口(하구) 강물이 큰 강이나 호수 또는 바다로 흘러 들어가는
어귀.
河川(하천) 강과 시내.
河海(하해) 큰 강과 바다를 아울러 이르는 말. 극히 넓음을 비유함.

夏	夂 7획	夏		
여름 **하**	一 了 了 百 百 頁 夏 夏			

夏季(하계) 여름철.
夏服(하복) 여름 옷.
夏至(하지) 이십사절기의 하나. 망종과 소서 사이에 들며 북반구에
서는 낮이 가장 길고 밤이 가장 짧음.

賀	貝 5획	賀		
하례 **하**	フ カ 加 加 智 智 賀			

賀客(하객) 축하(祝賀)하러 온 손님.
賀禮(하례) 축하(祝賀)하는 예식(禮式).
賀使(하사) 예전에, 경사를 축하하려고 보내던 사신.

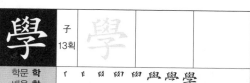

學	子 13획	學		
학문 학 배울 학	´ F F 臼 臼 問 學 學 學			

學校(학교) 학생(學生)을 가르치는 교육(敎育) 기관(機關).
學問(학문) 어떤 분야를 체계적으로 배워서 익힘. 또는 그런 지식.
學生(학생) 학교에 다니면서 공부하는 사람.

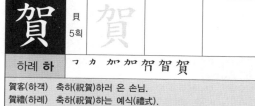

恨	忄 6획	恨		
뉘우칠 한 한할 한	´ 忄 忄 忙 忹 恨 恨 恨			

恨歎(한탄) 원통하거나 뉘우치는 일이 있을 때 한숨을 쉬며 탄
식함. 또는 그 한숨.
憂恨(우한) 근심하고 원망함.
痛恨(통한) 몹시 분하거나 억울하여 한스럽게 여김.

限	阝 6획	限		
한정 **한**	㇇ 阝 阝 阴 阴 阴 限 限			

限界(한계) 사물이나 능력, 책임 따위가 실제 작용할 수 있는
범위. 또는 그런 범위를 나타내는 선.
限度(한도) 일정한 정도. 또는 한정된 정도.
限定(한정) 수량이나 범위 따위를 제한하여 정함. 또는 그런 한도.

寒	宀 9획	寒		
찰 **한**	丶 宀 宀 宙 寉 実 寒			

寒冷(한랭) 날씨 따위가 춥고 참.
寒流(한류) 온도가 비교적 낮은 해류.
寒波(한파) 겨울철에 기온이 갑자기 내려가는 현상.

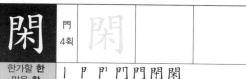

閑	門 4획	閑		
한가할 한 막을 한	丨 冂 冂 門 門 閂 閑			

閑暇(한가) 겨를이 생겨 여유가 있음. 할 일이 없어 몸과 틈이 있음.
閑散(한산) 일이 없어 한가함. 인적이 드물어 한적하고 쓸쓸함.
閑寂(한적) 한가하고 고요함.

漢	氵 11획	漢		
은하수 한 한나라 한	氵 氵 汁 汁 洪 洪 渞 漢 漢			

漢江(한강) 우리나라 중부를 흐르는 강.
漢文(한문) 중국 고전(古典)의 문장. 한자만으로 쓰인 문장이나 문학.
漢字(한자) 중국에서 만들어 오늘날에도 쓰고 있는 문자. 우리나라,
일본 등지에서도 널리 쓰임.

• 燕鴻之歎(연홍지탄): 봄과 가을에 엇갈리는 제비와 기러기처럼 서로 반대의 입장이 되어 만나지 못함을 한탄.

韓	韋 8획	
나라 이름 **한**		十 古 查 軡 韓 韓 韓

韓國(한국) 대한민국(大韓民國)의 약칭(略稱).
韓服(한복) 우리나라의 고유(固有)한 옷.
韓藥(한약) 한방에서 쓰는 약. 풀뿌리, 열매, 나무껍질 따위가 주요 약재임.

合	口 3획	
합할 **합** 홉 **홉**		ノ 人 人 合 合 合

合格(합격) 시험, 검사, 심사 따위에서 일정한 조건을 갖추어 어떠한 자격이나 지위 따위를 얻음.
合意(합의) 서로 의견이 일치함. 또는 그 의견.
合倂(합병) 둘 이상의 기구나 단체, 나라가 하나로 합쳐짐.

恒	忄 6획	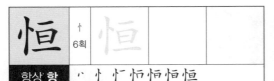
항상 **항**		` 忄 忄 忟 恒 恒 恒

恒久(항구) 변하지 아니하고 오래감.
恒常(항상) 언제나 변함없이.
恒溫(항온) 늘 일정(一定)한 온도(溫度).

亥	亠 4획	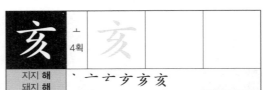
지지 **해** 돼지 **해**		` 亠 亥 亥 亥 亥

亥月(해월) 음력(陰曆) 10월의 딴 이름.
亥正(해정) 해시(亥時)의 한 가운데. 곧, 저녁 열 시(時).
亥初(해초) 해시(亥時)의 처음. 곧, 오후(午後) 아홉 시(時).

害	宀 7획	
해할 **해**		` 宀 宀 宔 宔 害 害

害毒(해독) 좋고 바른 것을 망치거나 손해를 끼침. 또는 그 손해.
害惡(해악) 해로움과 악함을 아울러 이르는 말.
害蟲(해충) 인간의 생활에 해를 끼치는 벌레를 통틀어 이르는 말.

海	氵 7획	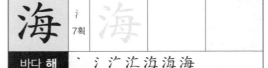
바다 **해**		` 氵 汇 汢 海 海 海

海軍(해군) 주로 바다에서 공격과 방어의 임무를 수행하는 군대.
海岸(해안) 바다와 육지가 맞닿은 부분.
海外(해외) 바다 밖의 다른 나라.

解	角 6획	
풀 **해**		⺈ 角 角 角 解 解 解 解

解決(해결) 제기된 문제를 해명하거나 얽힌 일을 잘 처리함.
解答(해답) 질문이나 의문을 풀이함. 또는 그런 것.
解明(해명) 까닭이나 내용을 풀어서 밝힘.

行	行 0획	
다닐 **행** 항렬 **항**		ノ ク 彳 彳 行 行

行動(행동) 몸을 움직여 동작을 하거나 어떤 일을 함.
行事(행사) 어떤 일을 시행함. 또는 그 일.
行政(행정) 정치나 사무를 행함.

幸	干 5획	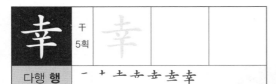
다행 **행**		一 十 土 志 志 幸 幸

幸運(행운) 좋은 운수. 또는 행복한 운수.
幸福(행복) 생활에서 충분한 만족과 기쁨을 느끼어 흐뭇함. 또는 그러한 상태.
多幸(다행) 뜻밖에 일이 잘되어 운이 좋음.

向	口 3획	
향할 **향**		ノ 亇 冋 向 向 向

向方(향방) 향하여 나가는 방향.
向上(향상) 실력, 수준, 기술 따위가 나아짐. 또는 나아지게 함.
向後(향후) 그 뒤에 곧 잇따라 오는 때나 자리. 이다음.

拈華微笑(염화미소): 말로 말하지 않고 마음에서 마음으로 전하는 일. •

香	香 0획	香			
향기 **향**	` ノ 二 千 禾 呑 香 香				

香氣(향기) 꽃, 향, 향수 따위에서 나는 좋은 냄새.
香水(향수) 향료(香料)를 섞어 만든 향기로운 냄새가 나는 물.
香爐(향로) 향을 피우는 데 쓰는 자그마한 화로(火爐).

鄕	阝 10획	鄕			
시골 **향**	` 彡 纟 纩 绵 绵 鄕 鄕				

鄕愁(향수) 고향을 그리워하는 마음이나 시름.
鄕約(향약) 조선 시대에, 권선징악과 상부상조를 목적으로 만든
향촌의 자치 규약.
鄕土(향토) 자기가 태어나서 자란 땅.

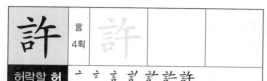

許	言 4획	許			
허락할 **허**	` 二 言 言 言 許 許 許				

許可(허가) 행동이나 일을 하도록 허용함.
許諾(허락) 청하는 일을 하도록 들어줌.
許容(허용) 허락하여 너그럽게 받아들임.

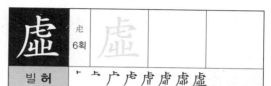

虛	虍 6획	虛			
빌 **허**	` ト 卢 广 虍 虎 虚 虚 虚				

虛空(허공) 텅 빈 공중.
虛勢(허세) 실속이 없이 겉으로만 드러나 보이는 기세.
虛弱(허약) 힘이나 기운이 없고 약함.

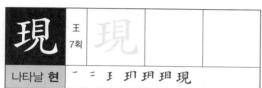

現	王 7획	現			
나타날 **현**	` 二 丅 王 珇 玥 珇 現				

現實(현실) 현재 실제로 존재하는 사실이나 상태.
現場(현장) 사물이 현재 있는 곳. 일이 생긴 그 자리.
現在(현재) 지금의 시간. 기준으로 삼은 그 시점.

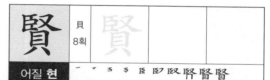

賢	貝 8획	賢			
어질 **현**	` 丆 ᄅ 手 臣 卧 取 腎 腎 賢				

賢明(현명) 어질고 슬기로워 사리에 밝음.
賢臣(현신) 어진 신하(臣下).
賢者(현자) 어질고 총명(聰明)하여 성인(聖人)의 다음가는 사람.

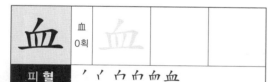

血	血 0획	血			
피 **혈**	` ノ 冂 白 血 血				

血稅(혈세) 피와 같은 세금이라는 뜻으로, 귀중한 세금을 비유
적으로 이르는 말.
血液(혈액) 피.
血族(혈족) 같은 조상으로부터 갈려 나온 친족.

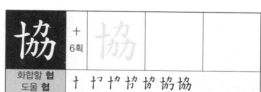

協	十 6획	協			
화합할 **협** 도울 **협**	` 十 忄 忄 협 协 協 協 協				

協力(협력) 힘을 합하여 서로 도움.
協商(협상) 어떤 목적에 부합되는 결정을 하기 위하여 여럿이 서로
의논함.
協助(협조) 힘을 보태어 도움.

兄	儿 3획	兄			
맏 **형**, 형 **형**	` 丨 冂 口 尸 兄				

兄夫(형부) 언니의 남편을 이르거나 부르는 말.
兄弟(형제) 형과 아우를 아울러 이르는 말.
仁兄(인형) 편지글에서, 친구 사이에 상대편을 높여 이르는 이인
칭 대명사.

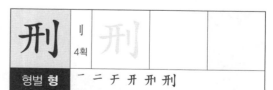

刑	刂 4획	刑			
형벌 **형**	` 二 三 干 开 开 刑				

刑量(형량) 죄인에게 내리는 형벌의 정도.
刑罰(형벌) 범죄에 대한 법률의 효과로서 국가 따위가 범죄자에
게 제재를 가함. 또는 그 제재.
刑法(형법) 범죄와 형벌에 관한 법률 체계.

- 盈滿之咎(영만지구): '가득 차면 기울고 넘친다'로 만사가 다 이루어지면 도리어 화를 가져오게 될 수 있음.

| 形 | 彡 4획 | 形 | | | |

모양 형 / 형상 형 一 二 チ 开 形 形 形

形成(형성) 어떤 형상을 이룸.
形態(형태) 사물의 생김새나 모양.
形便(형편) 일이 되어 가는 상태나 경로 또는 결과. 살림살이의 형세.

| 惠 | 心 8획 | 惠 | | | |

은혜 혜 一 一 ㅁ 百 車 車 惠 惠

惠展(혜전) '어서 펴 보십시오.' 라는 뜻으로, 편지 겉봉의 가에 써서 상대편에게 경의를 표하는 말.
惠澤(혜택) 은혜와 덕택을 아울러 이르는 말.
惠訓(혜훈) 자혜로 가르침. 또는, 자비로운 가르침.

| 戶 | 戶 0획 | 戶 | | | |

집 호 / 지게 호 丶 乛 ㅋ 戶

戶口(호구) 호적상 집의 수효와 식구 수.
戶籍(호적) 호주를 중심으로 하여 그 집에 속하는 사람의 본적지, 성명, 생년월일 따위의 신분에 관한 사항을 기록한 공문서.
戶主(호주) 한 집안의 주장이 되는 사람.

| 乎 | 丿 4획 | 乎 | | | |

어조사 호 一 丷 ㅁ 平 乎

乎哉(호재) 감탄(感歎)을 표시(表示)하는 말. ~런가. ~로다.
斷乎(단호) 결심이나 태도, 입장 따위가 과단성 있고 엄격함.
嗟乎(차호) '슬프다'의 뜻. 슬퍼서 탄식(歎息)할 때에 쓰는 말.

| 好 | 女 3획 | 好 | | | |

좋을 호 く 夕 女 女 好 好

好意(호의) 친절한 마음씨. 또는 좋게 생각하여 주는 마음.
好轉(호전) 일의 형세가 좋은 쪽으로 바뀜. 병의 증세가 나아짐.
好評(호평) 좋게 평함. 또는 그런 평판이나 평가.

| 虎 | 虍 2획 | 虎 | | | |

범 호 一 一 乕 广 户 虎 虎 虎

虎班(호반) 무신(武臣)의 반열(班列). '서반(西班)'의 다른 이름.
虎叱(호질) 조선 정조 때 박지원이 지은 한문 단편 소설. 열하일기에 실려 있음.
虎皮(호피) 호랑이의 털가죽.

| 呼 | 口 5획 | 呼 | | | |

부를 호 / 숨내쉴 호 ㅣ ㅁ ㅁ 吖 呼 呼 呼

呼名(호명) 이름을 부름.
呼出(호출) 전화나 전신 따위의 신호로 상대편을 부르는 일.
呼稱(호칭) 이름 지어 부름. 또는 그 이름.

| 湖 | 氵 9획 | 湖 | | | |

호수 호 丶 氵 汁 汁 洁 湖 湖 湖

湖畔(호반) 호숫가. 호수(湖水)의 언저리.
湖水(호수) 땅이 우묵하게 들어가 물이 괴어 있는 곳.
湖岸(호안) 호수(湖水)의 기슭.

| 號 | 虍 7획 | 號 | | | |

이름 호 / 부르짖을 호 ㅁ ㅁ 号 号 訝 號 號

號令(호령) 부하나 동물 따위를 지휘하여 명령함. 또는 그 명령.
口號(구호) 집회나 시위 따위에서 어떤 요구나 주장 따위를 간결한 형식으로 표현한 문구.
符號(부호) 일정한 뜻을 나타내기 위하여 따로 정하여 쓰는 기호.

| 或 | 戈 4획 | 或 | | | |

혹 혹 一 一 ㅣ ㅁ 訂 或 或

或是(혹시) 만일(萬一)에. 가다가 더러. 행여.
或時(혹시) 어쩌다가. 어떠한 때에.
或如(혹여) 혹시. 설혹.

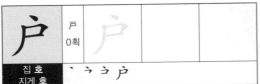

曳尾塗中(예미도중): 부귀를 누리면서 구속된 생활을 하는 것보다는 비록 가난하더라도 자유로운 생활을 누리는 것이 낫다. ●

混	氵 8획	混		

섞을 혼	氵 汩 汩 沪 沪 混 混

混同(혼동) 구별하지 못하고 뒤섞어서 생각함.
混線(혼선) 말이나 일 따위를 서로 다르게 파악하여 혼란이 생김.
混雜(혼잡) 여럿이 한데 뒤섞이어 어수선함.

婚	女 8획	婚		

혼인할 혼	く 女 女 妒 妒 婚 婚 婚

婚禮(혼례) 혼인의 예절.
婚姻(혼인) 남자와 여자가 부부가 되는 일.
婚前(혼전) 결혼하기 전.

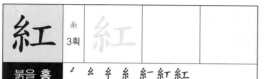

紅	糸 3획	紅		

붉을 홍	乙 幺 幺 糸 糸 紅 紅

紅裳(홍상) 조복에 딸린 아래 옷. 붉은 빛깔의 바탕에 검은 선을 두른 치마.
紅顔(홍안) 붉은 얼굴이라는 뜻으로, 젊어서 혈색이 좋은 얼굴을 이르는 말.
紅茶(홍차) 차나무의 잎을 발효(醱酵)시켜 녹색을 빼내고 말린 찻감.

火	火 0획	火		

불 화	丶 丶 丷 火

火力(화력) 불이 탈 때에 내는 열의 힘. 총포 따위의 무기의 위력.
火山(화산) 땅속에 있는 가스, 마그마 따위가 지각의 터진 틈을 통하여 지표로 분출하는 지점. 또는 그 결과로 생기는 구조.
火災(화재) 불이 나는 재앙. 또는 불로 인한 재난.

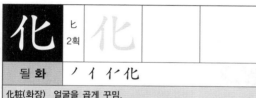

化	匕 2획	化		

될 화	丿 亻 亻 化

化粧(화장) 얼굴을 곱게 꾸밈.
强化(강화) 강하게 함. 강하게 됨.
惡化(악화) 나쁘게 됨.

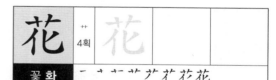

花	艹 4획	花		

꽃 화	一 十 十 什 芢 芘 花 花

花盆(화분) 꽃을 심어 가꾸는 그릇.
花園(화원) 꽃을 심은 동산. 꽃을 파는 가게.
花草(화초) 꽃이 피는 풀과 나무 또는 꽃이 없더라도 분에 심어서 관상용이 되는 온갖 식물.

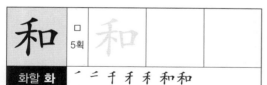

和	口 5획	和		

화할 화	丿 二 千 禾 禾 和 和

和答(화답) 시(詩)나 노래에 응하여 대답함.
和睦(화목) 서로 뜻이 맞고 정다움.
和解(화해) 싸움하던 것을 멈추고 서로 가지고 있던 안 좋은 감정을 풀어 없앰.

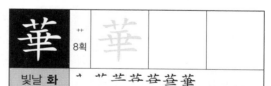

華	艹 8획	華		

빛날 화	艹 艹 芏 莳 莳 菙 華

華麗(화려) 환하게 빛나며 곱고 아름다움.
華燭(화촉) 빛깔을 들인 밀초. 흔히 혼례 의식에 씀.
華婚(화혼) 남의 결혼을 아름답게 이르는 말.

貨	貝 4획	貨		

재화 화 화물 화	亻 化 化 貨 貨 貨 貨

貨物(화물) 운반할 수 있는 유형(有形)의 재화나 물품을 통틀어 이르는 말.
貨幣(화폐) 상품 교환 가치의 척도가 되며 그것의 교환을 매개하는 일반화된 수단.
財貨(재화) 재물. 사람의 욕망을 만족시키는 물질.

畫	田 8획	畫		

그림 화 그을 획	一 フ ユ ユ ヨ 聿 書 書 書 書 畫 畫

畫劇(화극) 그림 연극.
漫畫(만화) 이야기 따위를 간결하고 익살스럽게 그린 그림.
彩畫(채화) 색을 칠하여 그린 그림.

• 寤寐不忘(오매불망): 자나 깨나 늘 잊지 못함.

話	言 6획	話		
말씀 화 이야기 화	` 一 二 言 言 計 計 話 話 `			

話頭(화두) 이야기의 첫머리. 관심을 두어 중요하게 생각하거나 이야기할 만한 것.
話術(화술) 말재주. 말하는 기교.
話題(화제) 이야기의 제목. =이야깃거리

患	心 7획	患		
근심 환 병할 환	` 丶 口 口 므 吕 串 患 患 `			

患亂(환란) 근심과 재앙을 통틀어 이르는 말.
患部(환부) 병이나 상처가 난 자리.
患者(환자) 병들거나 다쳐서 치료를 받아야 할 사람.

歡	欠 18획	歡		
기뻐할 환	` 一 十 廿 苫 莃 萝 蓶 萑 歡 歡 `			

歡心(환심) 기뻐하고 즐거워하는 마음.
歡迎(환영) 오는 사람을 기쁜 마음으로 반갑게 맞음.
歡喜(환희) 매우 기뻐함. 또는 큰 기쁨.

活	氵 6획	活		
살 활	` 丶 氵 氵 汀 汗 活 活 `			

活動(활동) 몸을 움직여 행동함. 어떤 일의 성과를 거두기 위하여 힘씀.
活力(활력) 살아 움직이는 힘.
活用(활용) 충분히 잘 이용함.

皇	白 4획	皇		
임금 황	` ′ ′ 白 白 白 皇 皇 `			

皇宮(황궁) 황제의 궁궐.
皇帝(황제) 왕이나 제후를 거느리고 나라를 통치하는 임금을 왕이나 제후와 구별하여 이르는 말.
皇后(황후) 황제의 정실.

黃	黃 0획	黃		
누를 황	` 一 艹 芓 芒 苗 莆 黃 黃 黃 `			

黃金(황금) 누런빛의 금이라는 뜻으로, 금을 다른 금속과 구별하여 이르는 말.
黃沙(황사) 누런 모래.
黃昏(황혼) 해가 지고 어스름해질 때. 또는 그때의 어스름한 빛.

回	口 3획	回		
돌아볼 회	` l 冂 冂 冋 回 回 `			

回歸(회귀) 한 바퀴 돌아 제자리로 돌아오거나 돌아감.
回復(회복) 원래의 상태로 돌이키거나 원래의 상태를 되찾음.
回收(회수) 도로 거두어들임.

會	曰 9획	會		
모일 회	` ノ 人 ム 今 命 會 會 `			

會談(회담) 어떤 문제를 가지고 거기에 관련된 사람들이 한자리에 모여서 토의함. 또는 그 토의.
會社(회사) 상행위 또는 그 밖의 영리 행위를 목적으로 하는 사단 법인.
會議(회의) 여럿이 모여 의논함. 또는 그런 모임.

孝	子 4획	孝		
효도 효	` 一 十 土 少 耂 孝 孝 `			

孝道(효도) 부모를 잘 섬기는 도리. 부모를 정성껏 잘 섬기는 일.
孝心(효심) 효성스러운 마음.
孝行(효행) 부모를 잘 섬기는 행실.

效	攵 6획	效		
본받을 효 효험 효	` 丶 亠 六 交 刻 効 效 效 `			

效果(효과) 어떤 목적을 지닌 행위에 의하여 드러나는 보람이나 좋은 결과.
效能(효능) 효험을 나타내는 능력.
效力(효력) 약 따위를 사용한 후에 얻는 보람.

烏飛梨落(오비이락): '까마귀 날자 배 떨어진다'로 일이 공교롭게 같이 일어나 남의 의심을 받게 됨. •

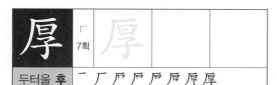

厚 [厂 7획] 厚

두터울 **후**　一 厂 厂 厚 厚 厚 厚 厚

厚朴(후박) 인정이 두텁고 거짓이 없음.
厚生(후생) 사람들의 생활을 넉넉하고 윤택하게 하는 일.
厚意(후의) 남에게 두터이 인정을 베푸는 마음.

後 [彳 6획] 後

뒤 **후**　ﾉ 彳 彳 彳 後 後 後 後

後孫(후손) 자신의 세대에서 여러 세대가 지난 뒤의 자녀를 통틀어 이르는 말.
後退(후퇴) 뒤로 물러남.
後悔(후회) 이전의 잘못을 깨치고 뉘우침.

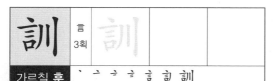

訓 [言 3획] 訓

가르칠 **훈**　ﾉ 亠 亠 言 言 訓 訓

訓戒(훈계) 타일러서 잘못이 없도록 주의를 줌. 또는 그런 말.
訓鍊(훈련) 기본자세나 동작 따위를 되풀이하여 익힘. 가르쳐서 익히게 함.
訓手(훈수) 남이 하는 일, 특히 바둑이나 장기 따위에서 구경하던 사람이 끼어들어 수를 가르쳐 줌.

休 [亻 4획] 休

쉴 **휴**　ﾉ 亻 亻 什 休 休

休暇(휴가) 직장·학교·군대 따위의 단체에서, 일정한 기간 동안 쉬는 일.
休息(휴식) 하던 일을 멈추고 잠깐 쉼.
休日(휴일) 일요일이나 공휴일 따위의 일을 하지 아니하고 쉬는 날.

凶 [凵 2획] 凶

흉년들 **흉**
흉할 **흉**　ﾉ ㄨ 凶 凶

凶年(흉년) 농작물이 예년에 비하여 잘되지 아니하여 굶주리게 된 해.
凶物(흉물) 성질이 음흉한 사람. 모양이 흉하게 생긴 사람이나 동물.
凶測(흉측) 몹시 흉악(凶惡)함.

胸 [月 6획] 胸

가슴 **흉**　月 月 月 肑 肑 胸 胸 胸

胸部(흉부) 가슴 부분. 호흡기관.
胸像(흉상) 사람의 모습을 가슴까지만 표현한 그림이나 조각.
胸中(흉중) 마음속에 품고 있는 생각.

黑 [黑 0획] 黑

검을 **흑**　冂 冂 冊 冊 甲 里 黑 黑

黑白(흑백) 검은빛과 흰빛. 잘잘못이나 옳고 그름.
黑字(흑자) 수입이 지출보다 많아 잉여 이익이 생기는 일.
黑板(흑판) 분필(粉筆)로 글씨를 쓰게 만든, 칠을 한 널조각. ＝칠판

興 [臼 9획] 興

일어날 **흥**　ﾉ 仨 冎 印 钾 舼 興

興亡(흥망) 잘되어 일어남과 못되어 없어짐.
興味(흥미) 흥을 느끼는 재미. 어떤 대상에 마음이 끌린다는 감정을 수반하는 관심.
興行(흥행) 공연 상영 따위가 상업적으로 큰 수익을 거둠.

希 [巾 4획] 希

바랄 **희**　ﾉ ㄨ 产 矛 希 希 希

希求(희구) 바라고 구함.
希望(희망) 앞일에 대하여 어떤 기대를 가지고 바람.
希願(희원) 앞일에 대한 바람. ＝희망

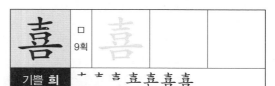

喜 [口 9획] 喜

기쁠 **희**　十 吉 吉 声 喜 喜 喜

喜樂(희락) 기쁨과 즐거움. 또는 기뻐함과 즐거워함.
喜悲(희비) 기쁨과 슬픔을 아울러 이르는 말.
喜悅(희열) 기쁨과 즐거움. 또는 기뻐하고 즐거워함.

• 傲霜孤節(오상고절): 굽히지 않는 절개.

하루 10분 손으로 쓰면서 배우는
중학생을 위한 교육용 기초 한자 900字 따라쓰기

개정 6쇄 발행   2025년 1월 5일

지은이   시사정보연구원
발행인   권윤삼
발행처   도서출판 산수야

등록번호   제1-1515호
주소   서울시 마포구 월드컵로 165-4
우편번호   121-826
전화   02-332-9655
팩스   02-335-0674

ISBN 978-89-8097-486-3   13710

이 도서의 국립중앙도서관 출판시도서목록(CIP)은
서지정보유통지원시스템 홈페이지(http://seoji.nl.go.kr)와
국가자료공동목록시스템(http://www.nl.go.kr/kolisnet)에서
이용하실 수 있습니다. (CIP제어번호: CIP2019046672)